# UM LABIRINTO CHAMADO FAMÍLIA

**Renato Caminha**

# UM LABIRINTO CHAMADO FAMÍLIA

2ª EDIÇÃO

L&PM EDITORES

Texto de acordo com a nova ortografia.

1ª edição: julho de 2025
2ª edição: outubro de 2025

*Capa*: Ivan Pinheiro Machado
*Preparação*: Mariana Donner da Costa

CIP-Brasil. Catalogação na Publicação
Sindicato Nacional dos Editores de Livros, RJ.

C191L

Caminha, Renato M. (Renato Maiato), 1964-
Um labirinto chamado família / Renato M. Caminha. – Porto Alegre [RS]: L&PM, 2025.

144 p. ; 21 cm.
ISBN 978-65-5666-596-2

1. Famílias - Aspectos psicológicos. 2. Famílias - Aspectos morais e éticos. 3. Famílias - Saúde mental. I. Título.

25-99130.0 CDD: 306.85
CDU: 316.812.1

Carla Rosa Martins Gonçalves - Bibliotecária - CRB-7/4782


Rua Comendador Coruja, 314, loja 9 – Floresta – 90.220-180
Porto Alegre – RS – Brasil / Fone: 51.3225.5777

PEDIDOS & DEPTO. COMERCIAL: vendas@lpm.com.br
FALE CONOSCO: info@lpm.com.br
www.lpm.com.br

Impresso no Brasil
Primavera de 2025

*Para a minha irmã Lúcia, com amor*

# Sumário

# Anatomia da família: do amor à dor

Uma das instituições mais veneradas, aclamadas, incensadas; pilar da sociedade, cartão de visita pessoal, referência básica individual e coletiva, fonte de amor, de cuidado, de proteção e de legado para a vida das pessoas, assim é a família.

É desse jeito que essa "entidade" é apresentada socialmente para todos nós, desde que nascemos, mundo afora. Sempre fortemente construída, constituída e endossada por instituições religiosas, políticas e culturais. Família é uma grande multinacional, um conceito universal, seja no mais isolado recôndito do mundo, seja num grande centro urbano, e a sua reputação envolve sempre laços afetivos e alianças de cumplicidade, de fidelidade, de devoção, de amor e de controvérsias.

Família! No conceito mais tradicional possível envolve vínculos de consanguinidade formados a partir da união de um casal que procria, que se une para compartilhar a vida e colocar filhos no mundo. No embrião dessa família específica, temos o aclamado e tradicional evento chamado casamento, que é selado com o mais ancestral voto de fidelidade e com a sentença "até que a morte nos separe".

Nesse arranjo bastante tradicional, impera o compromisso firmado de amor compulsório entre todos os componentes dessa teia, independente do seu valor numérico – sejam três, quatro ou vinte –, o amor é o que nos une pela força do sangue e em direção à permanência do nosso nome, nosso simbólico brasão.

Desde cedo tive muita curiosidade por famílias, a começar pela minha. Como meus pais se conheceram, se casaram e tiveram filhos? Teria sido tudo planejado ou as coisas foram acontecendo sem nenhuma intencionalidade, meio que pela ordem natural das coisas? Estariam eles felizes com o estilo de vida que construíram, contentes com os filhos e o convívio entre todos? Havia algum tipo de arrependimento, de amarra que os mantinha ligados ao nosso lar? Teriam eles incertezas e frustrações?

Na seara dos valores comecei a entender que as verdades que eu ouvia na minha casa nem sempre eram consonantes com o mundo externo ou até com os fatos vividos no meu cotidiano. Esse tipo de coisa me assustava e instaurava uma certa insegurança quanto a minha base referencial.

Eu gostava de me questionar sobre a existência de universos diferentes fora do meu umbigo familiar e comecei a ver e a viver essas diversidades. Havendo verdades morais e estéticas tão diferentes, observadas da porta de casa para fora, haveria melhores e piores, certas e erradas?

A curiosidade e as divergências só aumentaram quando comecei a frequentar a escola e a conviver num universo mais amplo de amigos, aquela grande sopa cultural, a colisão de galáxias acontecendo e exacerbando contrastes trazidos de cada casa, de cada lar. Tudo ali, nas salas de aula, nos corredores e nos momentos de recreio.

Vivendo a diversidade social na prática, deu para perceber abismos de valores, de posturas e de conceitos na casa de cada um daqueles colegas do bairro e da escola. Em muitos casos, me espantei com o nível de rigidez e de violência de alguns pais, práticas que felizmente nunca vivi na minha família. Sendo filho de pais sem muito estudo, tive a sorte de tê-los intuitivamente preparados para não agir de modo violento com os filhos; aliás, estudo definitivamente não tem nada a ver com habilidades socioemocionais parentais.

Minha curiosidade por valores humanos me permitiu, inclusive, um trânsito ecumênico por algumas religiões quando o interesse religioso surgiu na minha vida. Tudo que eu ouvia, fosse nos sermões das igrejas católicas, nos terreiros afro-brasileiros, nas falas dos rabinos nas sinagogas ou até nas aulas de educação moral e cívica das escolas brasileiras, em plena ditadura militar, era uma exaltação e uma blindagem da entidade família. Sem nenhuma explicação plausível, esse assunto me fascinava desde a infância.

Vaguei curioso por esses diversos cenários buscando entender o propósito de cada coisa que me era ensinada, o valor, a ética agregada àquilo tudo. Apesar de perceber as diferenças gritantes na dinâmica de cada família dos amigos, os princípios que nos eram ensinados não eram flexíveis. Ninguém nos dizia: "olha, se a sua família for tóxica rompa com ela", ou qualquer coisa do gênero. Quando aprendíamos o valor da família, nos era ensinado algo universal, não ajustável a particularidades, algo de aceitação incondicional. É a sua família e pronto, apenas ame-a e aceite-a!

Havia um fio condutor, uma matéria-prima compartilhada nesses diferentes contextos, uma valoração e até uma veneração da instituição familiar. Honrar os pais e os antepassados era a mensagem universal, e qualquer sacrifício deveria valer em nome da união dessa bela promessa de fonte de amor e proteção permanente.

Já na vida adulta, sentado na poltrona de terapeuta por algumas décadas, percebia que aquilo tudo que eu havia aprendido sobre a família, lá no passado, não se encaixava nas diversas histórias contadas pelos meus pacientes e nem na minha própria trajetória familiar.

Era hora de ir mais adiante para estudar e conhecer histórias contadas por terapeutas que eram referências no assunto. Entrevistei colegas, do Brasil e do exterior, alguns deles sumidades na área, e a percepção de todos coincidia com a minha. Nesse assunto específico, o que nos vendem e o que nos entregam na sociedade, mais uma vez, é uma conta que não fecha.

A família, na imensa maioria dos casos, não era o paraíso, e sim o purgatório de muitos. Definitivamente não sou um fundamentalista antifamília, mas também não sejamos negacionistas a ponto de não nos acharmos autorizados a romper com relações tóxicas que aniquilam vidas em nome dessa "entidade". O ideal é não habitarmos nem num polo nem no outro, nem no amor incondicional, nem na esquiva plena.

Na vida prática, a dinâmica desses polos costuma se alternar com maior ou menor plasticidade de acordo com o caso. Vigilância através de autoconhecimento é do que precisamos para não irmos demasiado longe naquilo que poderá nos ferir ou que já está ferindo.

Essa "inesgotável" fonte de amor oculta faces sombrias que são pouco discutidas, pouco ventiladas socialmente, mas bastante conhecidas por todos nós na prática, principalmente pelos terapeutas, as peças atuantes no dia a dia em saúde mental. Terapeutas devem atuar através de escutas neutras, mas questionadoras, que gerem o desejado desassossego em quem os procura.

Não há quem chegue numa terapia sem as suas insígnias familiares, sem colocar a sua família como um lugar de enunciação e de uma questionável alteridade que se apresenta de imediato ao terapeuta. Digo questionável alteridade pois é comum que a busca pela diferenciação dos valores das nossas origens nos leve justamente ao lugar da repetição dos algoritmos inconscientes, dos padrões e princípios que mais odiamos e repudiamos. Ficarmos presos a uma profecia autoexecutável não é nada incomum nestes casos. Exorcizar a família é um dos grandes e principais motivos de busca pela terapia, por inúmeras pessoas, na rotina dos nossos consultórios.

Via de regra, relações interpessoais inerentemente envolvem algum grau de estresse com alguma frequência, afinal são subjetividades diferentes postas em campo para o jogo do convívio.

As relações afetivas longitudinais se mantêm pautadas nos conflitos, nas "brigas" – e me refiro aqui a brigas com regras, discussões assertivas, com respeito, afinal brigar é uma forma de ajustar valores e conceitos para que sigamos adiante juntos. Assim, é esperado que haja muito conflito no seio familiar, e com o passar do tempo veremos que muitas ocorrências não resultam solucionadas, comprometendo a qualidade dos laços afetivos e a saúde mental dos envolvidos para sempre.

É dessa face relativamente oculta que precisamos falar, é esse paradoxo que precisamos debater, pois, afinal, o que esperamos das relações familiares e o que temos de fato é a tal conta que não fecha e que pode nos ser uma fonte de tortura, de culpa, de comprometimento das nossas relações futuras nos mais diversos níveis, como amantes, amigos, pais, e em todas as demais formas de relacionamentos sociais que podemos estabelecer em nossa jornada de vida.

A família imprime padrões em nossa história que ficarão para sempre influenciando o modo como vemos o mundo, pois formamos crenças e nos relacionamos com os outros a partir de nossas heranças vividas nesse núcleo de origem.

Esse mofado conceito de família funciona como incubadora de sofrimento mental e não atinge apenas as famílias consideradas desestruturadas, aquelas com violência, negligência e atos permanentemente invalidantes entre os seus membros. Os conflitos são naturais e ocorrem em todos os tipos de composições, até mesmo nas configurações ditas "estruturadas".

Esse ninho chamado família é um dínamo de discordâncias, fonte de divórcio, disputas judiciais, heranças, inveja, competição, ciúmes, carências, ganâncias; de parentalidade compulsória, de alienação parental, de opiniões diversas que vão desde a política e a religião até os costumes, posicionamentos sociais e educação dos filhos.

Como se tudo isso não bastasse, ainda temos as famílias de origem dos membros fundadores do novo arranjo familiar, os pais de cada um, os irmãos, cunhados, sogros, sogras, tios, primos e todo o restante da parentalha envolvida na dinastia de cada componente dessa complexa rede. Numa perspectiva evolucionista, foi assim, através dessa célula, desse embrião, que a sociedade humana surgiu, e foi justamente por isso que saímos da savana e criamos grandes aglomerados humanos chamados de nações.

A família nunca pode ser vista como um elemento isolado, ela é parte constituinte ativa e passiva do tecido social. Ela é fruto dessa complexa trama, uma teia tecida na ancestralidade humana que nos atinge da transmissão genética à transmissão cultural.

A família aparece como uma fonte de estresse em diversas pesquisas sobre bem-estar e qualidade de vida, e não necessariamente os resultados investigados apontam para disfuncionalidade entre seus membros. Muitas vezes o estresse citado é derivado de incertezas em relação à sobrevivência dessa instituição no que tange aos compromissos financeiros e à capacidade de honrá-los diante de tantas mudanças sociais e econômicas, ao futuro e à empregabilidade de cada um dos seu membros, à qualidade da educação oferecida aos filhos ou, ainda, ao acesso e à qualidade do tratamento de saúde dos componentes da família, principalmente quando há algum membro com necessidades especiais como cadeirantes, portadores de síndromes, de doenças crônicas ou os chamados neurodivergentes.

Há um turbilhão de fatores conhecidos por especialistas que geram grande estresse familiar:

- Desacordos e discordâncias entre os componentes do sistema nos mais diversos espectros que envolvem o casal, ou seja, a conjugalidade (nesse caso, tratando de uma configuração mais tradicional com enfoque na díade casal, embora em casos de trisais ou mais componentes da conjugalidade o arranjo aumente a complexidade e a potencial discordância). Desacordos e divergências que vão desde o declínio do amor, infidelidade, quebra da monogamia, abertura da relação conjugal, descompasso sexual, finanças (excesso ou falta), diferenças de idade, de cultura, de vivências com as suas famílias de origem, de moradia, de projetos e expectativas futuras, heranças e desejos diversos sobre a gestão patrimonial.

- Estresse no convívio com filhos ou demais membros, ou seja, a parentalidade. Discordâncias com relação a educação dos filhos, a aceitação da expressão e da liberdade sexual de cada um, filhos que transicionam sexualmente, a aceitação dos namorados, namoradas e parceiros de relações mais duradouras, as diferenças culturais e econômicas dos parceiros escolhidos pelos filhos em relação à família, as relações entre as famílias dos parceiros, o tempo em que os filhos devem sair de casa e ser autônomos e autossuficientes, o sustento financeiro deles, a forma de afetividade para com eles, a presença e participação parental na vida dos filhos ao longo de suas vidas e a expectativa parental com relação ao futuro deles. Pais que abusam psicológica, física e sexualmente dos seus filhos e o impacto disso no sistema como um todo. Filhos que repetem o abuso ou a violência com os irmãos ou demais membros da família.

- Relações de cada membro entre si na conjunção do sistema familiar, diferenças éticas, estéticas, políticas, culturais, religiosas, sexuais, preconceitos, racismo, xenofobia e posturas frente à sociedade. Traumas e psicopatologias de cada membro. Quem cuida dos idosos, dos enfermos e daqueles com problemas de saúde mental ou neurodivergentes?

- Separação conjugal. Quem fica com quem? Como ficam as responsabilidades financeiras de cada um? Como fica a divisão de patrimônio? O impacto psicológico nos filhos, a presença de novos companheiros. Pais separados que iniciam relações homoafetivas ou o contrário, pais que rompem uma relação homoafetiva e iniciam uma nova relação heterossexual, pais que fazem novos filhos, pais que transicionam sexualmente. Pais que iniciam relação com trisal ou mais membros. Pais que se isolam e se deprimem, pais que se afastam física e/ou emocionalmente dos filhos. Filhos que se afastam e culpabilizam um dos pais pela separação; alienação parental por parte de um ou de ambos os membros do antigo casal.

Há uma contrapartida nisso tudo, que não causa dano aparente: a família pode ser também uma grande fonte de amor, de acolhida, de respeito e de validação dos seus membros. A família pode servir de fonte de compreensão, de proteção e de estímulo para a construção de autoestimas saudáveis. A família pode ser o porto seguro, o local de retorno de busca de acolhida quando a barra pesar.

Mesmo sendo uma entidade exemplar para alguns poucos afortunados, nada nos faz escapar de alguns ou muitos dos elementos estressores que enunciei acima. O bom desfecho dependerá, novamente, para os sortudos, de resoluções conjuntas, construtivas, empáticas, respeitosas e validantes em relação ao espaço e aos valores de cada um dos seus membros.

O problema é que não escolhemos as nossas famílias assim como fazemos com as nossas amizades, que construímos por afinidades. Simplesmente nascemos nelas ou por elas somos adotados, nosso livre-arbítrio não impera nesse assunto, nossos desejos não comandam o arranjo de com quem vamos crescer e viver até nos tornarmos adultos e autônomos.

Também nos cabe sermos realistas. Se porventura pudéssemos escolher as nossas famílias, duvido que o cenário de frustrações e conflitos fosse diferente, afinal a junção de seres humanos é intrinsecamente tensa e potencialmente conflitante, seja lá qual for o motivo e contexto da formação dessas uniões.

Basta notarmos quantos amigos e pessoas próximas deixamos de amar ao longo da vida. Costumo verificar pela minha prática de terapeuta e pesquisador, além das minhas experiências próprias, que o passar do tempo tende mais a distanciar do que a aproximar as pessoas.

Convivência longa gera desgastes, pois mudamos muito ao longo de nossas jornadas, e isso tem muito fundamento, não é apenas uma opinião, é algo validado por taxas de divórcio crescentes no mundo e dissoluções de famílias e de relações sociais. Em um passeio rápido pelo site do IBGE, órgão de estatísticas oficiais em nosso país, veremos que os números não mentem.

## A família é um fenômeno decorrente da nossa natureza?

Foi na década de 1930 que a natureza da família começou a ser desvendada pela ciência, a ponto de hoje sabermos com fundamentos sólidos aquilo que já suspeitávamos fortemente: até os animais se organizam na forma de uma estrutura familiar, logo, família é, sim, um fenômeno natural e com fins adaptativos no mais estrito sentido darwiniano.

Esse tipo de composição familiar em espécies com pouco comportamento social pode ser de curta duração e acaba logo que os filhotes se tornam autônomos, mas é bem diferente no caso dos humanos, detentores do mais dependente filhote do reino animal. Para esse tipo de filhote a duração dos vínculos de cuidado precisam seguir uma estrutura longitudinal e com muito investimento parental.

Konrad Lorenz, biólogo austríaco, um dos pais da etologia, prêmio Nobel nos anos 1970, foi quem nos possibilitou grandes avanços nessa área. Por volta de 1930 ele nos brindou com um conceito chamado de *imprinting*, o que impulsionou bastante as ciências do comportamento animal e humano acerca das relações familiares motivadas pela presença de um filhote (Caminha, 2018).

O trabalho de Lorenz foi muito revelador e repercutiu para muito além da biologia, tendo influenciado um psicanalista inglês chamado John Bowlby, que desenvolveu a chamada Teoria do Apego, que trata da importância da função materna no desenvolvimento saudável do bebê, incluindo a sua saúde mental e dos seus sucessos, ou fracassos, nos relacionamentos sociais futuros.

Voltando a Lorenz e a sua descoberta denominada de *imprinting*. Esse conceito nada mais é do que um tipo de memória herdada com propósitos bastante específicos. Uma memória inconsciente, subcortical na linguagem neurocientífica. Ela tem a forma de um programa, de algoritmo, que dispara uma sequência de novos comportamentos influenciados pelo sistema emocional quando alguma situação específica vivida no ambiente requer o uso dos aprendizados contidos nesse programa. Tais comportamentos objetivam a resolução de problemas que não têm aprendizagem ambiental prévia para os organismos em questão.

*Imprinting* é um tipo de memória que possibilita que as tartarugas, por exemplo, que desovam na costa nordeste do Brasil, retornem para desovar justamente no local onde nasceram quando elas estiverem na fase adulta de fertilidade e desova. Logo após o nascimento elas são guiadas por um algoritmo biológico, um GPS no cérebro, que as direciona para a costa norte da África, e esse mesmo programa as faz retornar ao local de onde saíram quando filhotes na época da desova.

Essa história começou através de experimentos incidentais com gansos que Lorenz criava em seu sítio na Baviera. Certa feita, quando estava nascendo uma nova ninhada de aves, ele isolou um ovo, afastou a mãe verdadeira e se colocou como o primeiro objeto de contato do filhote ao nascer.

A mágica aconteceu! A gansinha Martina, como ficou eternizada na história da ciência, começou a seguir Lorenz como se ele fosse a sua mãe, não reconhecendo, inclusive, a mãe verdadeira num momento posterior.

O experimento foi replicado inúmeras vezes por Lorenz e colaboradores, inclusive com espécies diferentes, e o resultado foi sempre o mesmo, o primeiro objeto provedor de cuidado e atenção fica "estampado" no sistema emocional dos animais para sempre.

Lorenz deduziu que essa memória herdada, esse *imprinting*, tinha uma função adaptativa para as espécies que se reproduzem sexualmente em momentos críticos de suas vidas. Esse programa biológico conecta filhotes ao cuidador de modo muito estreito, no intuito de fazê-los "vingar" no ambiente, para que não sejam deixados à própria sorte.

Uma das caraterísticas mais revolucionárias dessa descoberta é que não há necessidade de consanguinidade para o exercício dos cuidados primários – maternagem não é, portanto, ligada à consanguinidade, ela é uma função que pode ser exercida por quem tiver disponibilidade e dedicação para tal. Revolução à vista!

Deixar o filhote à própria sorte iria na via oposta do que na biologia se chama de Imperativo Reprodutivo,* o princípio biológico que garante a perpetuação das espécies no planeta. A natureza conspira pela manutenção da vida, conforme Darwin nos ensinou. Spinoza chamou esse princípio de *conatus*, algo como a vida clama pela vida.

Para o universo dos terapeutas, esses achados se equivalem a um portal que se abre em direção a uma profusão de novos conhecimentos e na revisão e

* Trata-se dos impulsos biológicos das espécies vivas para deixar cópias gênicas no intuito de garantir a permanência da espécie no meio ambiente. (N.A.)

reconfiguração de conceitos equivocados, machistas, mofados e prejudiciais à saúde mental das pessoas, como o ilusório conceito de "instinto materno".

Por incrível que pareça, mesmo depois de Lorenz e vários outros autores terem reconfigurado o papel das pessoas de referência para nossos filhotes através de experimentação científica, ainda convivemos intensamente com o conhecimento acadêmico tradicional, que já não explica nem atende à complexidade das mudanças sociais que envolvem famílias, casais e filhos (Caminha, 2018).

Na psicologia e na psicanálise, principalmente, função paterna e função materna são ideias que não englobam mais a complexidade e a diversidade social da atualidade, embora ainda persistam nos discursos e na formação dos terapeutas.

A pergunta que fica no ar é: por que tanta dificuldade de nos atualizarmos, de mudarmos?

Gaston Bachelard, um epistemólogo da ciência, chamou isso de resistência epistemológica. Resumidamente, o avanço científico sofre relutâncias sociais e leva tempo até se estabelecer e ser incorporado à cultura de um modo geral. O novo assusta, ele pode desconfigurar tudo, e essa é a justificativa para o medo e a negação da novidade.

Foi assim com as resistências a Galileu, ao heliocentrismo e ao fato de a Terra ser redonda, a Newton e a lei da gravidade, a Darwin e nossos ancestrais primatas, a Freud e o inconsciente, a Einstein e a relatividade, e, mais recentemente, a Damásio e a primazia das emoções diante da cognição. É bem provável que continue assim com tudo o que ainda virá no futuro. Não há indícios de que as coisas serão diferentes daqui para a frente.

A sociedade é conservadora, pouco flexível, resistente e apegada a muitos conceitos que não nos servem mais, conceitos que nos levam a adoecer. Diante da diversidade das novas expressões culturais surgidas e vividas nas ruas e no nosso cotidiano, fica claro que o cobertor está curto para dar conta da realidade dos fatos.

No fundo, há o receio de que abandonar os conceitos antigos para assumirmos os novos possa botar abaixo a harmonia social e tudo o que acreditamos até então. Há questões complexas que são históricas, sociológicas, políticas e religiosas em jogo. A sociedade resiste ao desassossego, embora precise dele para se atualizar.

É fácil ilustrar esse paradoxo: por mais que saibamos cientificamente que não existe opção sexual, que ninguém aperta um botão sobre como exercerá a sua sexualidade, homossexuais e transsexuais são tratados por grande parte da sociedade como não "naturais", como se tivessem optado por serem o que são como uma forma de deboche ou afronta social.

Crenças como essa acabam justificando a expressão de comportamentos homofóbicos e transfóbicos que são inaceitáveis, cruéis, criminosos e absolutamente ignorantes. Há quem entenda que diversidade sexual afronta a normalidade, os bons costumes e a estabilidade do tecido social. Há quem aja contra ela baseado em premissas que transitam na via contrária do pensamento científico.

Crenças absurdas e infundadas fazem a população LGBTQIAP+ pagar o preço através de atos de bullying e violência, que em muitos casos resultam em fortes traumas, suicídio ou assassinatos. É o efeito da abominável "patologia da exclusão" – você não ser aceito por ser como é, você ser tratado como antinatural acerca de algo que é, sim, natural.

O mundo moderno precisa navegar em direção à inclusão das diversidades e não exigir o contrário, que as diversidades se incluam na "caixa" social. Essa inclusão e validação deveria ter como ponto de partida o seio familiar, nossa suposta fonte de amor.

É preciso entendermos que a natureza da família de hoje deveria incluir essas diversidades que vão desde a estética e os costumes, até a variedade de expressões sexuais. Precisamos naturalizar essas novas dinâmicas em prol da harmonia social.

Cabe à família, sendo um elemento essencialmente natural, se moldar ao avanço cultural e tecnológico. Imaginemos todo o avanço tecnológico negado, rejeitado e fora das nossas casas. Isso resultaria em grandes prejuízos educacionais aos filhos das famílias que optassem por isso. Como alguém se insere na sociedade atual sem tecnologias de comunicação?

Vale lembrar que vivendo no seio familiar vivemos também intensamente no mundo *outdoor*, no mundo do social. Essa relação família/sociedade é indissociável. Portanto, se é natural lá fora, precisa ser natural aqui dentro de casa também.

Não digo com isso que os valores expostos externamente devam ser incorporados pela família integralmente. A conformidade familiar deve ser mantida quando envolve política, religião ou identidade ancestral para que ela não perca seus valores e princípios. Falo apenas da não discriminação e não aceitação da diversidade social quando ela bate à porta das famílias. Ter filhos homossexuais ou transexuais é uma realidade que não escolhe etnia, condição social ou credo.

Nossos valores pessoais não podem oprimir aos outros, e não se trata de adesão, mas de respeito e empatia. Tenhamos em mente que o que acontece lá fora já está em nossas casas, e a sexualidade é um dos exemplos mais claros disso. Você pode ser hétero, seus filhos não, ou vice e versa. É sobre isso que eu falo.

Atualizar conceitos e torná-los naturais evita os danosos efeitos da exclusão, que envolvem a corrosão da autoestima e da saúde mental dos invalidados. A sensação de não pertencimento ao mundo social mexe com nosso equilíbrio hormonal, imunológico e bioquímico cerebral, nos inclinando para o surgimento e agravamento de doenças autoimunes, de doenças cardiorrespiratórias, diabetes, além das doenças mentais como dependência de substâncias, depressão, ansiedade, transtornos da personalidade e suicídio. Afinal, queremos ou não o bem de nossos familiares? Será?

Há uma área da ciência, relativamente nova, que explica tudo isso e se chama psiconeuroimunologia. Essa incipiente ciência explora toda a interação entre o estresse relacional, nossas respostas fisiológicas e o surgimento de muitas doenças.

Definitivamente não deveria ser isso o que desejamos para nossos familiares, amigos ou pares sociais por suas homo ou transexualidades. Fiquemos atentos sempre, afinal, compartilhar dessas ideias nos faz cúmplices desses crimes silenciosos (Maté, 2023).

Na linha das oposições conceituais e valores da família x valores individuais de seus membros, lembro do quanto sofri quando ainda no meu início de carreira ascendi a um cargo público de psicólogo perito criminólogo do estado onde nasci. Técnico científico do Estado – o nome oficial do cargo era pomposo e elegante.

Minha família de classe média viveu uma epifania de orgulho e alívio quando soube disso. A cabeça deles foi formatada para a tal estabilidade na vida, e isso se conseguia garantindo uma vaga num cargo público. Pronto, para eles minha vida financeira estava resolvida. Para uma família que sempre lutou contra a falta de dinheiro significava que eu havia garantido um certo status de sobrevivência social. O filho estava encaminhado na vida, viva!

A tempestade não tardou muito a chegar. Mesmo morando longe e não mais dependendo dos meus pais, lá fui eu em busca de um aval. Havia decidido me exonerar do Estado depois de um ano e meio levando uma vida no mar da estabilidade.

Contei a eles num jantar; talvez eu tenha sido insensível por esculachar uma refeição familiar, mas foi assim que fiz. Tudo se tratava de eu ter outros planos, queria navegar por aí afora, abandonar as águas calmas e mergulhar de cabeça em todos os meus estudos e projetos.

Ninguém me disse nada verbalmente além de um tímido "você tem certeza"? Meus pais eram pessoas sensíveis, mas eles me disseram tudo nas suas expressões faciais e corporais, com variantes entre a tristeza (poxa, que decepção) e a raiva (seu leviano imbecil, você tem noção do que está jogando fora?).

Sendo bem honesto, eu não posso chamar apenas de comunicado a decisão que levei aos meus pais. Parte de mim foi lá como se fosse em busca de uma benção, de uma validação da minha decisão.

A família tem esse poder de nos parasitar com suas crenças. Por mais que achemos que estamos livres delas, e mesmo que as crenças nos soem demasiado ridículas, lá no fundo elas produzem um eco que nos atormenta, às vezes mais, às vezes menos, mas atormentam. Saí do jantar parte invalidado, parte inseguro, mas, por sorte, segui na direção do meu desejo.

Quantas gerações foram educadas assim e passaram esses valores aos seus filhos? Dá até para imaginar quantas carreiras e sonhos foram solapados em nome da tal estabilidade do serviço público ou coisas parecidas. Nessas horas lembro de uma frase de um psicanalista francês que é muito pertinente a esse momento: "Não há nada pior do que alguém querendo o seu bem", diria Jacques Lacan. O tal bem é bom para quem, afinal?

Voltando à seleção natural, há fortes evidências científicas sobre ela atuar em prol da formação de laços familiares duradouros, trazendo vantagens para as espécies que têm esse comportamento, basta analisarmos nossos parentes mais próximos.

Jane Goodall, pioneira no estudo do comportamento de chimpanzés, passou e dedicou a sua vida catalogando os bandos desses primatas que viviam nas florestas da Tanzânia, junto ao lago Tanganica.

Longos anos de estudo possibilitaram a Jane estabelecer a genealogia descritiva de cada um dos membros das comunidades estudadas, ou seja, seus pertencimentos familiares.

Esses animais se organizam em núcleos familiares de base que formam as células matrizes do agrupamento social mais amplo. O arranjo social descrito por ela decorre plenamente do aspecto reprodutivo e das necessidades básicas dos filhotes.

Chimpanzés formam famílias. Elas diferem das nossas basicamente por serem estabelecidas pela matrilinearidade na qual os machos fazem a sua parte numa cópula e depois não se ocupam dos cuidados necessários ao filhote. A figura do pai não é imprescindível na criação do filho, cabendo à mãe prover todas as demandas necessárias, que envolvem aspectos alimentícios e nutrição emocional, até que ele se torne totalmente independente.

Estamos falando de uma espécie que, assim como nós, tem um filhote de maturação lenta e necessitado de grandes gastos energéticos por parte de seus cuidadores, nesse caso específico dos chimpanzés, a mãe.

Na impossibilidade de criar mais de um bebê chimpanzé ao mesmo tempo, a natureza bloqueia a capacidade reprodutiva das fêmeas até que o filhote se encontre na adolescência e não demande mais cuidados maternais intensos. Isso ocorre por uma simples razão: seria impossível criar mais de um bebê chimpanzé carente e com tantas necessidades simultâneas.

No caso da família humana, os arranjos já são bem diferentes. Com o nível de complexidade de demandas exponenciadas do filhote, associado à lentidão da sua maturação no meio ambiente, um cuidador apenas não conseguiria dar conta de tudo aquilo que consideramos básico para o bebê humano.

É aí que entram em campo as emoções para ajudar na composição e criação desse elemento natural chamado família humana. Dada a complexidade dos nossos filhotes, a matrilinearidade não daria conta sozinha de garantir o sucesso evolutivo deles.

É preciso algo mais sofisticado, como o comprometimento e a aproximação sistemática do pai, uma vez que uma gestação de nove meses deixa as mulheres em relativa vulnerabilidade. O bebê em gestação consome doses elevadas de energia, e a própria gravidez afeta a mobilidade e a autonomia das gestantes.

Fica instituído certo grau de dependência transitória e a necessidade de cuidados externos à gestante. Vale lembrar que fomos desenhados para a vida num padrão de savana africana, e em termos evolutivos cronológicos somos uma espécie recém-chegada na natureza. Em suma, somos como espécie o mesmo *sapiens* desde que o gênero *Homo* apareceu.

A natureza faz a sua parte nesse jogo e facilita a conexão e a formação de laços amorosos intensos em direção à união de um par com o propósito do sucesso evolutivo do rebento. Todavia, não há nenhum tipo de garantia de permanência desses laços após a independência do filhote, pelo contrário, estudos evolucionistas apontam para uma certa tendência de seres humanos a serem monogâmicos seriais. Com o passar do tempo o par tende a perecer, a família se transmuta no seu eixo básico.

A monogamia para toda a vida pode ser sustentada por acordos diversos entre os humanos, embora no mundo animal ela já tenha sido contestada e praticamente deposta. Ter relações com parceiros diversos proporciona a chamada variabilidade.

Nosso DNA recombinado aleatoriamente gera a possibilidade de indivíduos imunorresistentes frente a novos vírus e bactérias, conspirando assim para nossa permanência como espécie na natureza.

Outro mito posto abaixo é o do comportamento sexual feminino recatado e submisso. Em estudos com primatas e pássaros, e isso serve para nós humanos, as fêmeas se mostraram ativas nas sociedades como líderes e ativas e diversas sexualmente. Mais um conceito que precisamos ajustar, reconfigurando nossas crenças acerca de tudo aquilo que aprendemos até agora. Assumirmos o protagonismo sexual feminino pode soar como um terremoto que abala severamente a estrutura das famílias tradicionais e dos sistemas políticos e religiosos que nos regem.

Voltando à natureza, a família é sem sombra de dúvida um sistema natural que

persiste até os dias atuais e que sofreu variantes diversas e complexas à medida que fomos avançando na formação de miríades de sistemas de interação social.

Eis a origem da célula *mater* família. O que aprendemos com o tempo e com a ciência é que o sucesso evolutivo desse nosso desafiador filhote depende não apenas de proteção alimentar e física, mas sobretudo do que costumo chamar de nutrição emocional, e é aí que a família ganha um peso muito especial, influenciando na constituição psíquica dos seus membros.

Todavia, é fundamental entendermos que o abastecimento emocional do qual o filhote depende pode tanto ajudar a nutrir como afogar a criança nas expectativas parentais, como veremos mais adiante.

# A família ao longo da história*

*Eu só percebi que havia algo errado na minha família quando fui para a escola e comecei a frequentar a casa de alguns coleguinhas, isso por volta dos meus cinco anos de idade. Depois de ver o tratamento que meus amigos recebiam dos pais eu vi que minha família era diferente. Até então a vida parecia ser daquele jeito mesmo, ou seja, um inferno. Aos oito anos apelidei minha casa onde vivia com minha família de hospício, até hoje a chamo assim, afinal tudo era na base da gritaria, da queixa, do vitimismo e de fazer com que eu e meus irmãos nos sentíssemos culpados pela miséria da vida dos meus pais – não falo de miséria financeira, mas de pobreza emocional. Hoje os vejo como duas crianças jogadas num casamento que enfileirou três filhos, um atrás*

* Os relatos em destaque são recortes clínicos do autor como terapeuta. (N.E.)

*do outro. Não bastasse a relação deles ser péssima como casal (estão juntos até hoje, pasmem), eles estimulavam a competição entre os filhos. Resultado disso: já somos todos adultos e temos uma relação muito ruim e competitiva até hoje. O que me revolta é que mesmo sendo bem-sucedida em meu trabalho, não dependendo de ninguém do hospício para nada, não consigo me relacionar amorosamente com ninguém por muito tempo sem estragar tudo. Intimidade me dá medo. E, ainda por cima, o hospício emite opinião sobre tudo o que eu faço, e cada opinião deles ainda me atinge no meu âmago e me freia em várias coisas importantes para mim. Acabo desistindo de vários e promissores projetos. Por quê? Acho que eu sei, preciso de um exorcismo (risos).*

*Ana, 35 anos*

A ciência tem tentado reconstruir a história da constituição social e consequentemente da formação familiar humana desde o surgimento do gênero *Homo* em nosso planeta. A questão central de nosso interesse é sabermos como os nossos ancestrais viviam e como se relacionavam com seus parentes mais próximos, ou seja, suas famílias, até chegarmos no arranjo das relações que temos hoje.

Pistas encontradas por paleontólogos e antropólogos em diversas grutas e cavernas nos contam um pouco da organização social daqueles agrupamentos primevos de seres humanos, mas nada exatamente sobre o convívio íntimo na vida privada das pessoas que lá viveram.

Para nossa sorte o caminho para esse tipo de estudo se tornou possível graças a observação de povos aborígenes que ainda vivem em isolamento e são considerados verdadeiros "fósseis vivos" em nosso planeta. Muitos deles vivem nos desertos africanos, nos continentes da Ásia e Oceania ou nas florestas tropicais da América do Sul.

Há fortes pistas de que as famílias da pré-história eram unidades básicas de sobrevivência, de proteção e de convivência intensa inseridos numa "família" maior chamada de tribo. Tudo parecia ser dividido, afinal a individualidade era fator de risco num ambiente hostil e carente de tecnologia. Caçar, coletar e cuidar das crianças eram atividades compartilhadas, apenas o ato sexual sugeria um afastamento para preservar a intimidade do casal, conforme nos ensinou Ellen Fischer na bela obra clássica denominada *Anatomia do Amor* (1995).

É pouco provável que conflitos psicológicos de maior intensidade fossem discutidos à luz de uma fogueira com a família reunida em torno dela, afinal o pressuposto básico desse momento da história era fundamentalmente manter-se vivo, questões subjetivas e quiçá individualistas não tinham muito espaço, pois a era do narcisismo ainda estava para nascer. Para isso seria necessário um pacote básico que envolvesse ações fundamentais como comer, beber, lutar e proteger o grupo, dormir em segurança e se reproduzir.

Conflitos psicológicos das famílias futuras são correlacionados ao avanço e a sofisticação da cultura, o que só foi possível com humanos fixados em territórios graças ao advento da agricultura, por volta de 10.000 a.C., num período denominado Neolítico, em territórios que hoje chamamos de Irã, Iraque, Síria, Turquia e Egito.

Num passeio rápido pelas civilizações antigas como Mesopotâmia, Grécia e Roma, os berços da nossa cultura ocidental, temos uma estrutura familiar centrada no patriarcado, sendo o homem o soberano responsável pela proteção e provisão de todos os membros da constituição familiar.

As famílias da Grécia e de Roma não diferiam muito umas das outras na sua constituição básica, principalmente no que se refere ao papel dos filhos na hierarquia familiar. Não havia nenhum indício de que a infância fosse vista como uma fase sensível do desenvolvimento humano.

Na Grécia antiga o ato de abandonar bebês era um hábito bastante corriqueiro e ocorria devido aos altos índices de concepção fora das uniões matrimoniais, o que dificultava a capacidade de prover as necessidades de um filho, ou ainda devido a crianças que nasciam com algum tipo de problema, o que hoje chamaríamos de crianças atípicas. Werner Jaeger destaca em sua obra de referência *Paideia: a formação do homem grego* que crianças só eram consideradas "gente" a partir do momento em que recebiam um nome. Os enjeitados eram deixados à beira das estradas, abandonados à própria sorte, podendo ou não serem adotados por alguém, sem que houvesse absolutamente nada de errado nisso (2013).

Embora Jaeger não discorra especificamente sobre a família grega em sua obra, na *República*, de Platão, encontramos a concepção de uma sociedade ideal que sugere uma família mais voltada à coletividade do que à sua individualidade nuclear. No que tange à educação, os filhos deveriam ser educados coletivamente, objetivando mais os interesses do Estado do que da linhagem familiar. A lógica desse pensamento versa numa proposta de criação de uma sociedade mais harmoniosa e justa, na qual os interesses coletivos deveriam se sobrepor aos individuais.

Os interesses pessoais, ou seja, a concepção da individualidade e das necessidades subjetivas de cada pessoa, ainda não estavam presentes no cotidiano e no cerne das famílias gregas, tampouco das romanas.

Embora a cidadania tão propagada pelos gregos fosse uma expressão de individualidade e de empoderamento pessoal em prol do coletivo, ela não se manifestava nos lares. A propósito, ser cidadão era um privilégio de poucos, e para isso era fundamental que fossem filhos de atenienses, homens, livres, maiores de idade e ativos na sociedade; os demais, inclusive as mulheres, não gozavam desse direito.

A estrutura da família de Roma empoderava ainda mais a figura do homem, o *pater familias*, respaldando o seu poder através das leis oriundas do tradicional direito romano. O homem não apenas chefiava o lar, ele tinha o controle absoluto de todos os membros da casa, incluindo esposa, filhos, escravos ou qualquer outro ser humano ou animal que vivesse sob o seu teto.

*Meu pai tinha direito sobre mim, direito sobre todos nós; eu chegava a pensar que ele mandava no mundo quando eu era pequeno. Descobri mais adiante na vida que no trabalho ele foi um grande capacho de um chefe que o tratava como se fosse um qualquer, e na vida familiar foi vítima de um pai e uma mãe monstruosos. Ele foi para um internato com sete anos e só via os pais esporadicamente e de um modo formal. No trabalho ele não era um qualquer, ele era o cara, tive várias evidências disso. No colégio interno aprendeu a educação clássica, latim, grego e francês. Pelo menos alguma coisa nele era digna de orgulho, não que isso valesse muito. Teria orgulho se em algum momento da vida ele me dissesse que eu era importante para ele ou que ele respeitasse os desejos e o espaço da minha mãe. Uma vez, já no final da vida, ele me pediu que eu me cuidasse e ficasse bem. Perguntei por que eu nunca tinha ouvido isso antes, e ele me disse que sabia que eu era forte, pois ele me educou para ser assim. Orgulhoso de si como sempre, até na morte! O que tinha de bom em mim era fruto dele, o que tinha de errado, tipo a depressão que me assombra por toda a vida, era da genética da mamãe. Quase saiu um palavrão da minha boca, aquele lugar que sempre tive vontade de mandá-lo, mas na hora não tive coragem. Na época, nem do alto dos meus quarenta anos, eu fui capaz de pronunciar, tive um freio na boca na hora, foi a culpa. Meu algoz morrendo e eu com pena dele, sou patético! Sabe o que é pior? Quando me dou conta ajo como ele agia comigo, desprezando a opinião e as necessidades psicológicas dos outros. Faço isso com meu filho, depois fico doido comigo, meu parceiro me cobra e eu nego que tenha agido errado. Estou com meu casamento por um fio, meu marido decepcionado comigo e meu filho entrando na adolescência distante emocionalmente de mim. O merda não era ele, o merda sou eu.*

*Pedro, 40 anos*

A Roma antiga exaltava a virilidade. Homens gozavam de um poder conhecido como *patria potestas*, em suma, o poder do pai de família que lhe conferia autoridade sobre todos que dele dependiam. O poder, deveras extenso, lhe permitia decidir sobre a vida ou a morte de filhos, esposa, outros residentes ou escravos sem necessidade de julgamento ou qualquer outro tipo de consulta externa. Tal prerrogativa não chegava a ser habitual na sociedade romana, mas caso ocorresse, estaria absolutamente respaldada na lei.

A supremacia masculina também imperava nas propriedades e bens da família, inclusive os escravos. Os bens eram geridos, transferidos ou dispostos conforme o desejo do soberano – o homem.

No período da Idade Média, na Europa Central, a ênfase das famílias continuava na figura masculina, na estrutura patriarcal, mas, dessa vez, a autonomia familiar estava submetida, ou melhor, sob custódia, de uma entidade maior, suprema e de domínio espiritual – a Igreja Católica.

Apesar dos rígidos padrões morais e de conduta doutrinados pela igreja, a dinâmica interativa das famílias era bastante caótica. Basta vermos a vasta literatura à nossa disposição de grandes historiadores como Georges Duby na *História da vida privada* (1990), ou ainda *A história das mulheres: a Idade Média* (1990), obras de referência nos temas.

Na obra *História social da criança e da família*, Philippe Ariès (2021) descreve uma sociedade medieval que desconhecia a infância e, muitas vezes, dava às crianças o mesmo tratamento destinado aos animais. Em muitos casos as crianças eram consideradas uma força motriz pronta para ajudar nas agruras de um ambiente composto de muitas dificuldades de subsistência, além de serem vítimas de toda a sorte de violências físicas e sexuais.

Embora a concepção de família fosse muito diferente da que vivemos a partir do século XIX, a célula familiar constituía a base da pirâmide de um sistema dominado pelo feudalismo e pela doutrina religiosa imposta pela Igreja Católica. O funcionamento do sistema agrícola dependia dos camponeses, que em troca de terras e proteção viviam como servos que trabalhavam a terra para subsistência dos feudos.

Entre os séculos XVI e XVIII, na chamada Idade Moderna, notamos uma mudança substancial na movimentação e na reorganização da estrutura familiar. As famílias até então fixadas no campo tendem a se movimentar em direção às cidades, que começam e se tornar mais proeminentes, trazendo vantagens com novas ocupações e profissões geradas pelas demandas da urbanização.

À medida que as famílias se fragmentam em direção às cidades, a cultura de uma ancestralidade ligada a um clã, a uma dinastia familiar, se rompe. A família reduz sua rede de suporte e se movimenta rumo ao fortalecimento em si mesma.

O papel da mulher, até então campesina, começa a se limitar ao gerenciamento do âmbito doméstico, nas atividades do lar e no cuidado dos filhos, enquanto o homem busca fora de casa a remuneração para o sustento de todos.

O papel da igreja se manteve sólido na imposição das normas sociais sobre os papéis de gênero e das relações familiares em toda a sua amplitude.

*Um dia quando tinha onze anos e fiquei menstruada pela primeira vez pedi ajuda para minha mãe; era a noite de formatura da minha irmã mais velha na faculdade. Quando disse o que tinha ocorrido comigo ela vociferou: "Você quer ser o centro das atenções até no dia da formatura da sua irmã? É isso mesmo? Que saco você! Sua irmã é uma princesa, magra, inteligente, linda, você aí continua apanhando na escola, gorda, pele oleosa, uma vergonha para qualquer mãe". Eu nunca tentei chamar atenção, nunca fui nem tentei ser o centro das atenções em lugar nenhum onde ando. Aquilo que ela me disse foi de uma crueldade, uma mentira perversa. Lembro que eu pensei que essa mulher não podia ser minha mãe, isso não é ser mãe. Mesmo sabendo que aquilo era mentira, a sentença fez morada em mim como uma verdade absoluta sobre quem sou de fato. Eu nunca me enquadrei nos padrões dela, queria ser amada por ser como eu era, como sou hoje. Ela cultua a beleza e a superficialidade, ela mente para os outros contando coisas que sei que são invenções, ela seduz o tempo todo. Meu pai assistiu a ela me dizer aquele monte de barbaridades, me olhou com pena, mas não fez nada. A única coisa que aquele imbecil sabia fazer era cultuar aquela mulher. Eu sabia que ele me amava, mas era dominado por ela. Quando me dava um pouquinho de atenção a mais ela dizia que ele ficava me mimando e ia me estragar, e ele logo se afastava. Não fosse a minha avó materna, que era nossa vizinha, eu não sei o que seria de mim; ali eu sentia amor, embora o considerasse escasso. Pensei em me matar inúmeras vezes para aliviar esse buraco de dor que tenho dentro de mim, nunca tive coragem, embora me cortasse nas virilhas com frequência. Você acha que com essas memórias a minha visão de mundo é bacana? Que as pessoas são boas? Hoje, adulta, como sem parar para me tornar invisível aos outros. Não quero intimidade com ninguém, embora me sinta muito só. Meu refúgio além da comida é o trabalho, só na minha profissão me sinto alguém, ali me garanto, mas o tempo de duração é curto. Basta eu ter de estar em público que sofro demais. Depois que os meus processos jurídicos viraram eletrônicos e as audiências passaram a ser online minha ansiedade baixou. Quando as audiências eram presenciais eu vivia torturas imensas, trabalhava abaixo de ansiolítico, o que acabava afetando o que tenho de melhor, meu intelecto. Sempre que atuo no tribunal eu sei que o julgamento é dos outros, mas a julgada, na minha cabeça, sou sempre eu, e o pior, sou sempre a condenada.*

*Clara, 47 anos*

O século XIX mudou radicalmente o mundo e mudou mais intensamente ainda as dinâmicas e as relações familiares ocidentais. As portas do conhecimento abertas pelo Iluminismo no século XVIII permitiu que um importante elemento implicado na metamorfose da família nos fosse revelado – criança não é um adulto em miniatura.

Um dos primeiros autores a defender a inocência e a fragilidade da infância foi Jean-Jacques Rousseau. Vale lembrar que a cultura clássica definitivamente não contribuiu em nada para isso, pelo contrário, Platão atribuía à infância um estado primitivo, de cunho animalesco, que só poderia ser modificado pelo processo educacional.

E, a seguir, no decorrer dos séculos XII ao XVII, a visão sobre a infância primava pela ideia de um ser que necessitava se mostrar útil e funcional na sociedade. A maior prova disso era o abandono de crianças atípicas não aptas ao trabalho cotidiano e necessário à sobrevivência de todos os membros da família. Nessa lógica, uma criança atípica se tornaria mais um fardo a requerer cuidados impossíveis de serem dispensados.

Rousseau, em sua obra *Emílio, ou Da educação* (2018), publicada em 1762, revigora fortemente a pedagogia tradicional de Comênio*quando prega uma infância naturalmente pura e inocente.

Na obra de Rousseau a educação tem o potencial de ser a verdadeira ferramenta de mudança social e de formação de cidadãos ativos e producentes numa sociedade. Rousseau prevê, ainda, que a educação deveria respeitar os estágios do desenvolvimento infantil, o que demonstra uma visão altamente avançada sobre o que significa verdadeiramente ser criança.

Aqui, de fato, temos um dos principais agentes catalisadores, uma das raízes da transformação da estrutura e da dinâmica interativa da família – o pedocentrismo.**

---

* Jan Amos Comenius, 1592-1670, considerado o pai da pedagogia. Organizou o ensino e pregou que a educação deveria ser universal, acessível a todos, e que o ensino deveria ser organizado de maneira lógica, sequencial e natural, respeitando o ritmo de aprendizagem dos estudantes. Sua obra mais conhecida, *A grande didática*, estabeleceu as bases para a educação moderna, enfatizando o ensino baseado na experiência e no uso de materiais visuais. (N.A.)

** Neologismo que significa que a família e a sociedade passam a gravitar em torno do elemento mais importante: a criança. (N.A.)

Afinal, como a sociedade rumou em direção ao pedocentrismo? Há uma série de fatores envolvidos nessa trama e discutidos em teses por diferentes historiadores, porém é inegável que a Revolução Industrial e o que Norbert Elias chama de "o processo civilizador" (1990; 1993), estejam entre os principais propulsores do arranjo familiar que conhecemos hoje.

A Revolução Industrial teve início no século XVIII, tendo seu crescimento acentuado de fato a partir do século XIX. Mas o que ela transformou drasticamente foi o formato das cidades e a forma de relacionamento entre as pessoas.

As relações de trabalho passaram a ser as mais marcantes, e a família nuclear de classe média surgiu na história num formato no qual houve uma divisão mais clara de papéis, principalmente implicando mais as mulheres nas tarefas que envolvem os filhos, abrindo espaço para os homens investirem em seus trabalhos e carreiras.

A Revolução Francesa também contribuiu para os direitos dos indivíduos dentro da família, valorizando as relações amorosas e a escolha de parceiros baseada no desejo pessoal de cada um. O resultado disso foi um fortalecimento e empoderamento das alianças amorosas e da célula familiar dentro do sistema social nas civilizações ocidentais.

Steven Pinker, na belíssima obra *Os anjos bons da nossa natureza: por que a violência diminuiu* (2017), revisita a obra de Norbert Elias destacando que o homem foi se moldando e se domesticando pelo avanço cultural promovido pelo Iluminismo, quando houve uma grande profusão das artes e da cultura na civilização ocidental.

Numa perspectiva darwiniana por mim explorada no livro *Darwin para terapeutas: socialização, emoções, empatia e psicoterapia* (2018), considero que o sistema límbico, que gerencia as nossas emoções, sofreu pressões seletivas do efusivo ambiente a ponto de moldar a expressão das emoções ao emergente sistema cultural.

Um exemplo básico disso se aplica à compreensão da emoção básica do medo. Faz parte da nossa natureza sentirmos essa emoção e assim será sempre, afinal ela é parte da nossa história filogenética e tem fins adaptativos – precisamos nos manter vivos evitando perigos. O medo é um botão de alerta que nos predispõe a respostas de defesa que podem envolver luta, fuga ou *freezing* (congelamento ou paralisia diante do perigo).

Todavia, ao longo de todo avanço e sofisticação cultural, mudamos muito a intensidade e a frequência do que nos gera medo. O medo é uma emoção que nos habita, porém não vivemos mais na savana, e o medo de ataques de predadores tornou-se pouco verossímil.

Nos dias de hoje, pesquisas apontam que sofremos intensamente de diversos medos a ponto de os tornarmos patológicos e os batizarmos de Transtornos de Ansiedade.

Nossos medos não deixaram de existir, apenas se transmutaram se moldando às questões postas na sociedade atualmente. Hoje sofremos de medo de não darmos conta das demandas sociais, de decepcionarmos as pessoas e sermos "cancelados", da falta de emprego e condições básicas de saúde, de condições climáticas, do subsídio de nossos familiares; medos que certamente não faziam parte de conversas em volta das fogueiras do *sapiens* da savana.

Podemos dizer o mesmo sobre a raiva: ela se transmutou em sua forma de expressão, não há mais possibilidade na civilização de aceitarmos agressões instrumentais, físicas ou mesmo o ato de matarmos alguém, mas hoje podemos protestar, vociferar, processar pessoas, tudo dentro do acordo social vigente no sofisticado mundo das leis que regem as complexas dinâmicas das sociedades.

Elias (1993) parte da ideia de que à medida que a cultura foi se sofisticando, o homem foi se remodelando socialmente e as emoções se sofisticaram na mesma proporção. Práticas medievais hoje consideradas rudes, como a violência interpessoal, comportamento sexual, higiene, etiqueta social e as formas de se expressar verbalmente foram sendo mediadas por emoções como vergonha* e nojo.

A necessidade de autocontrole ganha importância social, e a etiqueta passa a criar normas do que se considera aceitável ou não no convívio em grupo e diferencia os polidos dos rudes.

Um novo cenário se apresenta para uma nova configuração familiar. A economia muda drasticamente em razão da Revolução Industrial, e a sociedade de consumo começa sua longa jornada até os dias de hoje. O salário substitui o escambo, e as medidas monetárias como moedas e letras de câmbio ganham força.

Produtos industrializados começam a gerar a cobiça dos incipientes consumidores. Peças de reposição social se tornam cada vez mais importantes, e o papel da família mononuclear rodeada de filhos se torna a célula-mãe do novo arranjo social.

A sociedade se torna mais fortemente pedocêntrica, crianças se tornam o centro das atenções e a pedagogia se torna uma ciência de grande importância;

---

* Emoção derivada do medo. A vergonha é uma forma de admitirmos algo equivocado de nossa parte e do medo do julgamento dos outros acerca da nossa conduta. (N.A.)

crianças agora são educadas predominantemente nas escolas. O grande e atemporal desafio é como vamos educar essas crianças para que sejam parte ativa e integrante dessa nova sociedade.

A família se unifica à medida que a importância das crianças se torna mais central. Inclusive se cria um mito social, que explorei no meu trabalho *Mitos da parentalidade: livrando os pais da culpa infundada* (2023), de que a infância é a era dourada, a melhor e a mais linda fase da vida.

A burguesia passa a conviver com seus filhos de uma forma diferente, as amas são parte do processo educativo, porém não mais totalmente dominantes na tarefa de cuidar, a mudança mais significativa faz com que as mães entrem em campo como fonte referencial de proteção e amor. Com esse novo cenário, definitivamente a crença de que a infância é a fase mais linda da vida se consolida.

Gabor Maté (2023), em seu trabalho *O mito do normal*, nos revela algo fascinante sobre essa máxima. Segundo o autor, não é incomum, por influência do *rótulo social* (grifo meu), que as pessoas respondam quando questionadas sobre suas infâncias, sem refletir muito sobre a questão, que foram muito felizes. Diante de uma simples pergunta do tipo: como você considera que foi a sua infância? A resposta automática era: muito feliz!

Pelas vivências clínicas de Maté (2023), e cabe salientar que minha prática de terapeuta e de vários colegas com quem verifiquei a informação apontam para a mesma direção, até as pessoas com narrativas mais insistentes de "infância feliz" possuem muitos pontos cegos nas suas histórias e acabam reformulando tudo sobre a instituída felicidade quando as perguntas clínicas corretas lhes são feitas. Não é incomum que após revisitar as experiências o conceito de "felicidade" seja reavaliado por muita gente, e em alguns casos de modo bem radical.

*Sempre ouvi, o tempo todo, que a infância é a fase mais feliz da vida, e sabe que eu sempre meio que embarcava nessa. Quando as pessoas se reuniam e falavam sobre suas infâncias, eu sempre dava um jeito de falar dos banhos de chuva, de mangueira e das brincadeiras de rua. Eu acabava falando sobre aquilo tudo sem necessariamente sentir um quentinho gostoso daquelas memórias, era pura retórica. Ao mergulhar de fato na minha infância, as lembranças mais fortes sempre foram as de desamparo. Mudávamos de casa e de cidade com muita frequência, pois meu pai repetia o seu roteiro tradicional: chegava numa nova cidade, num novo bairro, onde quer que fosse, em pouco tempo ele dava um jeito de comprar fiado na padaria, no mercadinho, pedia dinheiro emprestado a quem mal havia conhecido e ficava meses sem pagar as pessoas e o nosso aluguel, até o clima se tornar insuportável e partirmos novamente. Ele detinha em seu poder a chave da correspondência para que minha mãe não tivesse acesso às pilhas de contas atrasadas que chegavam diariamente. Não demorava muito tempo para nossa família ser rotulada e sermos rechaçados e vistos pelos outros como se fôssemos sujos, párias. Ele era uma pessoa má? Não sei! Ele era dócil, divertido, sensível, mas submeter a família a isso é ser o quê? Verdadeiramente ainda não tenho esse veredito. Eu tinha crises de ansiedade intensas à noite e muita dificuldade para dormir. Minha mãe, sempre passiva, tinha como arma para se vingar o desmerecimento da imagem dele para os filhos – o irresponsável, esse era o rótulo. Ela não fazia nada para mudar e deixava claro que o casamento, inclusive eu e meus irmãos, éramos a sua penitência. Ela nos amava? Era arrependida? Não sei, mas pagávamos o preço, isso sim! Ficava sempre imaginando que a casa ia cair a qualquer momento, afinal sempre assim, mais do mesmo. Era uma sensação de desamparo que até hoje, de vez em quando, ainda sinto. Às vezes a falta de sono me assombra, como fazia na infância, e volto àquele cenário sombrio do qual só saio com muito recurso de terapia, embora sempre com algum prejuízo. Hoje, como profissional de saúde mental, sei que na infância deveriam ser construídas as bases seguras da personalidade infantil. Havia amor com certeza, mas quando penso que o amor deve proteger, me questiono: que amor era aquele que promovia tamanho nível de desamparo? Era sem dúvida um amor ambivalente. A ambivalência na infância é corrosiva da segurança e da autoestima. Hoje, como um ansioso básico, ando sempre à frente tentando imaginar o que pode dar errado e o que pode ser evitado de catastrófico no futuro. A verdade é que não controlamos nada nem ninguém, minha consciência sabe disso, já as minhas emoções...*

*Pedro, 60 anos*

Bessel van der Kolk (2020), um dos maiores especialistas no estudo e na pesquisa de pessoas que tiveram vivências traumáticas na vida, nos ensina que os traumas se instauram em nosso cérebro muito antes de termos consciência, eles nos possuem antes mesmo do nosso cérebro ser capaz de formular e produzir qualquer tipo de narrativa verbal.

Traumas se constituem através da formação de memórias emocionais com alto teor de impacto semântico. Mesmo não sendo verbais ou conscientes, elas nos levam à reprodução de padrões que se manifestam em relacionamentos de tendência disfuncional. Sem nos darmos conta, lá estamos nós repetindo coisas que, embora nos causem desconforto, desagrado e dor emocional, continuamos a repetir.

Muitas pessoas normalizam essas repetições como se as coisas acontecessem dessa maneira pois "é assim que são naturalmente". Com o tempo, naturalizamos o trauma, ele passa a ser parte da nossa identidade. Somos assim e pronto, é assim que sempre acontece comigo!

O processo terapêutico é fundamental para que muitas pessoas entendam que as experiências pelas quais passaram não são "naturais", mas são verdadeiramente traumas. A aprendizagem de darmos nome para aquilo que sofremos passivamente é um grande progresso terapêutico e de cura para nossos pacientes. "Eu sofri traumas, fui vítima de um ambiente que deveria ter me cuidado, a culpa não foi minha." Essa descoberta muda o ângulo de análise semântica de muitas partes da nossa história.

Traumas corroem mentes, corroem corpos, corroem projetos e futuros. No final dos anos 1990, considerada a década do cérebro devido ao galopante avanço das neurociências, principalmente pelo aprimoramento das tecnologias de imagem cerebral, Bruce Perry (1997) escreveu um artigo que surgiu como um divisor de águas no meio científico. O título? "Incubados no terror". Nele o autor versa sobre crianças que cresceram em ambientes avassaladores de violência contínua.

Resumidamente, Perry demonstra que o cérebro é capaz de alterar a sua arquitetura neural em razão de experiências traumáticas vividas na infância de modo intermitente. Dali para a frente os estudos só corroboraram os achados de Perry e acabaram por demonstrar efeitos para muito além daquilo que o promissor artigo nos revelava.

As estruturas pré-frontais, a área do cérebro que funciona como um filtro discriminativo de ações e emoções, uma espécie de freio de contenção de impulsos, ficam afetadas a ponto de não termos uma sintonia fina na hora de discriminarmos estímulos que podem nos colocar em risco. Daí o motivo de repetirmos, repetirmos envolvimentos em relações tóxicas e só nos darmos conta posteriormente de onde nos metemos mais uma vez.

A amígdala, região do cérebro que é o centro das emoções e sistema de alerta e defesa, fica hiperestimulada a ponto de nos deixar reativos, impulsivos e vigilantes ao extremo. O paradoxo é que o excesso de vigilância gera desgaste no próprio sistema de vigilância, tendendo a uma desatenção seletiva e perda da capacidade de discriminação.

O hipocampo, nosso banco de dados de memórias autobiográficas, ou seja, o nosso álbum de recordações de quem somos, do que vivemos e de como nos reconhecemos através das nossas vivências, fica menos ativo, fazendo com que a discriminação de eventos positivos na vida possa ficar prejudicada, afetando assim nossa percepção de prazer e nossa capacidade de obter gratificação em coisas que não sejam relativamente arriscadas.

Maté (2023) faz uma delicada revisão sobre o tema e nos mostra muito mais do que isso em artigos atuais. O trauma modifica nosso DNA, nos corrói por dentro, gera encurtamento dos telômeros (responsáveis pela nossa longevidade), encurta determinadas conexões cerebrais e a formação de trajetórias neurais.

Traumas são fenômenos epigenéticos que ativam as tendências deletérias de determinados genes, ativam e intensificam doenças autoimunes, modificam nossas taxas metabólicas e nos deixam vulneráveis a uma série de patologias, dentre elas as cardiorrespiratórias.

No sistema emocional, o trauma reforça conexões que estabilizam processos primitivos de defesa, reforçando áreas mais basais do cérebro como mesencéfalo e tronco encefálico, conforme constatamos nos trabalhos de um dos mais renomados psicobiólogos, o estoniano Jaak Panksepp (2004). Foi dele a criação de uma área de estudos chamada "neurociência afetiva", que abriu muitas portas para entendermos as reações do sistema nervoso a essas exposições estressantes.

Sabemos atualmente que a família tem o poder de nos transmitir algo que chamamos de "herança maldita do trauma". Em suma, os traumas vividos por nossos ancestrais nos são repassados como uma espécie de "conta emocional" retroativa. Pais não curados ferem seus filhos. Não há nada de metafísico nessa afirmação, nosso sofisticado sistema de comunicação gira em torno de oitenta por cento de linguagem não verbal, o que, em suma, quer dizer que comunicamos muito mais do que imaginamos às pessoas com as quais convivemos.

A mágica acontece graças à empatia, e explorei amplamente esse tema na minha obra *Cabe um filho na sua vida?* (2023). Considero metaforicamente a comunicação empática como uma forma de wifi: quando estamos conectados com alguém, múltiplas informações são trocadas, mesmo que a nossa consciência não esteja percebendo o que está acontecendo.

Quando falamos de conexão com nossos filhos e familiares estamos falando de comunicações amorosas, o que não quer dizer que sejam relações saudáveis. O amor não é necessariamente uma emoção saudável, ele pode ser altamente tóxico, e muitas famílias têm funcionado como incubadoras e perpetuadoras de traumas transgeracionais através de interações amorosas patológicas.

Nessa trilha descrita ao longo da história, a família chega à primeira metade do século XX fortalecida e empoderada num autoritarismo "familiocrático", com uma estrutura patriarcal na qual o homem, elemento provedor, determina as leis e delega funções, cabendo à mulher ser uma boa mãe, boa educadora, boa esposa, submissa, recatada, preferencialmente bela e do lar, apenas isso. Não há grandes espaços para subjetividades, particularidades e diversidades que se contrapõem a uma moral política e religiosa com forte influência de uma pseudociência comportamental chamada de higienismo, conforme nos demonstra a historiadora Mary Del Priore (2020) na sua obra *Sobreviventes e guerreiras*.

Principalmente no início do século XX, temos uma família que estabelece suas próprias leis e um estado que tolera violência doméstica contra crianças e mulheres, além de fazer vista grossa aos elevados índices de feminicídio.

Os atentados às mulheres eram sustentados na lógica da legítima defesa da honra masculina, e a violência contra crianças era mantida na crença de o pai ser o "chefe do lar", o principal elemento regulador e disciplinador da casa. O homem era o legislador doméstico, e o que acontecia dentro de casa dizia respeito apenas à família, a soberania patriarcal estava estabelecida e dominava deliberadamente o cenário.

Todavia, o século XX não ficou estagnado nessa estrutura rígida dos costumes, ele acabou sendo, a partir dos anos 1950, a efervescência de novos ventos disruptivos que acabariam por desassossegar as bases do conservadorismo. A arte foi um canal de comunicação importante, um porta-estandarte de novas ideias sopradas através do cinema, do teatro, da música, da literatura e das artes plásticas que abriram verdadeiros portais para pensarmos a sociedade de maneira distinta.

Foi no século XX que houve atenção maior e ações direcionadas à proteção da mulher e aos direitos das crianças e dos adolescentes, em especial com o surgimento do Estatuto da Criança e do Adolescente (ECA), datado do dia 13 de julho de 1990. Derivadas dessas ações surgem as delegacias de polícia específicas para o atendimento desse tipo de ocorrência e promotorias e juizados igualmente especializados no assunto.

A busca pelos direitos civis alçou voos com manifestos feministas, com reivindicações promovidas pela comunidade LGBTQIAP+. O conceito de individualidade veio à tona. A valorização da nossa unidade existencial, com nossas especificidades e subjetividades, virou artigo de primeira necessidade, sendo reforçada, inclusive, por um robusto sistema econômico neoliberal do culto ao consumo. A minha identidade está sendo comunicada nesse momento da história naquilo que visto, naquilo que sou capaz de consumir.

Estava nascendo o embrião que permitiu as expressões das diversidades guardadas até então a sete chaves nos armários sociais, na casa de cada um e nas famílias constituintes desse enorme tecido social. Estava aberta a fenda que permitiria, lentamente, que questionássemos o que outrora fora inquestionável.

*Estudei medicina; aliás, não tive o direito de escolher minha profissão, fui criado para ser médico e ponto. Eu queria mesmo era ser arquiteto, sempre fui apaixonado por estética, tudo ligado a isso, moda, design e decoração. Fiz vestibular no final dos anos 1970 para medicina, é claro! Família do interior, pai médico, o dono da cidade, quando falei que eu queria mesmo era arquitetura ouvi que era coisa de bicha, se usava muito esse termo naquela época, bicha! Para ser mais específico ele falou bichinha, com um sorriso debochado e um ar raivoso que eu já conhecia e que comunicava: "nem a pau você fará isso". Minha mãe ainda fechou com chave de ouro num tom sarcástico: "só falta virar decorador". O interessante é que nenhum deles nunca mais fez qualquer referência ao meu desejo expresso de ser arquiteto. Aquilo foi simplesmente deletado da mente deles. E era muito intrigante para mim saber que não se fala de uma coisa que é importante para um filho se essa coisa for diferente do que você quer para ele. Não tinha espaço para nenhum tipo de negociação. Virei médico, trabalhei feito um burro, fui competente, mas sem paixão pelo que fazia, pelo contrário, me estressava horrores. A medicina me trazia um nível de responsabilidade que eu não queria ter. Não queria ter que me comprometer com algo que não me fazia feliz. Queria ter um pouco de paixão. Hoje não me entra na cabeça como alguém se acha no direito de dizer o que um filho será na vida, como alguém se atreve a decidir a vida do outro. Como eu não enfrentei isso na época? Eu não tinha ferramentas, eu fiz o que pude. Depois de um câncer de próstata eu decidi, a hora é agora. Basta! Já com um patrimônio seguro comecei a investir em construir, reformar apartamentos para alugar, vender, fazer o que der na telha. Até com decoração eu mexo. Uma parte minha virou decorador, conforme a profecia da mamãe. Quando sinto o prazer de me envolver com meu trabalho hoje sinto igualmente ondas de ódio do que me foi privado no passado. Quem ama deveria querer ver os outros, principalmente um filho, feliz. Até meus pais falecerem eu os evitava, quase nunca ia à casa deles no interior, já que mudei para a capital quando fiz faculdade e por lá permaneci, eu sempre tinha uma desculpa esfarrapada para não ir. Raramente, quando eu ia, chegava num pé e saía no outro. Nunca cheguei a lavar a roupa suja com eles, primeiro porque eles não queriam saber, depois porque para mim já não importava mais. Quando morreram senti um alívio, primeiro foi a mãe, e depois, no mesmo ano, o pai. Parecia que tinha saído um peso de uma tonelada das minhas costas. Não deveria ser assim a história de uma família, é muito triste.*

*Flávio, 66 anos*

# A família dos séculos XX e XXI

Grande parte das mudanças dos séculos XX e XXI está associada ao reposicionamento das mulheres no tabuleiro social. Foi igualmente na segunda metade do século XX que as mulheres começaram a ganhar mais autonomia, visibilidade fora do lar e mais mobilidade social. Foram criados espaços que permitiram a entrada delas em massa no mercado de trabalho, o direito ao voto finalmente aconteceu, e a possibilidade de maior liberdade sexual se materializou com a popularização, nos anos 1960, da pílula anticoncepcional.

Num âmbito geral, as diversidades sexuais timidamente começaram a sair do armário até atingirem a legalidade nas uniões entre pessoas do mesmo sexo; os divórcios aumentaram depois de sua legalização no ano de 1977 em nosso país, tirando o estigma pejorativo do desquite para as mulheres, e a família começou a se despir definitivamente da sua versão conservadora.

Resistências à parte, as famílias começaram a se diversificar num ritmo relativamente acelerado. A internet mais do que nunca globalizou as diferenças, e se você se achava esquisito por destoar da manada, a internet certamente fez com que você encontrasse os seus pares e permitisse uma forma de acolhimento que talvez você nunca tenha recebido em sua vida.

Esse tipo de descoberta, de que há pessoas que compartilham dos mesmo gostos e estilo de vida que nós, faz com que nos sintamos validados pelo grupo de semelhantes. Validação é o que nós humanos mais necessitamos para que não nos consideremos esquisitos, como cartas fora do baralho. As espécies sociais são assim, necessitam do reconhecimento dos semelhantes para que estejam em sincronia, além da sinergia de grupo, caso contrário somos vulneráveis ao surgimento de patologias que afetam a nossa saúde mental e acabam por refletir, justamente, na coletividade.

Desse caldeirão de novidades surgem famílias diversas, bastante diferentes daquele arranjo básico de pai, mãe e filhos. Para além da configuração tradicional surgem famílias com casais do mesmo sexo, com múltiplos cuidadores, como tios, avós e outros membros, famílias de pais separados, com filhos convivendo com ambos os pais de forma alternada, famílias com modelos de coabitação ou sem casamento formal.

O maior desafio que encontramos hoje quando falamos em arranjos familiares e seus papéis decorrentes é fazer com que a mesma sociedade que flexibilizou valores e permitiu a expressão das diversidades aceite e naturalize aquilo que o seu afrouxamento cultural possibilitou nascer.

## Famílias monoparentais

Famílias monoparentais sempre existiram ao longo da história humana por motivos e ocorrências diversas, porém na atualidade, devido ao número elevado de divórcios e separações de uniões informais, criar filhos sozinhos, através de mães ou pais, é uma possibilidade com grande frequência e expressão em nosso mundo. Esses números possuem algumas características específicas quando tratamos de famílias de baixa renda. Muitas delas tendem a se organizar numa estrutura matrilinear, na qual a mulher, detentora de uma pequena propriedade, tem uniões e separações seriais, resultando no nascimento de filhos com parceiros diversos que não participam nem financeiramente nem afetivamente da vida dos filhos.

Esse tipo de arranjo familiar presente em muitas comunidades de baixa renda em nosso país têm a tendência de forte exposição ao estresse por carência material, pelos índices de violência interpessoal nas comunidades, de crianças afastadas da escola, pelo baixo desenvolvimento na aprendizagem formal, pela tendência de os filhos ocuparem uma posição parental,* pelo amadurecimento precoce com o encurtamento da infância e tendência de autoritarismo materno, muitas vezes com uso de punições físicas e aumento da probabilidade de abuso sexual devido à troca frequente de parceiros transitórios e pouco engajados à família.

Em famílias com melhores recursos financeiros podemos até reduzir índices de violência no ambiente em que a família habita, todavia, o estresse também é iminente pelo simples motivo de que o nosso filhote não foi desenhado pela natureza para ser criado sem rede de apoio, muito menos por um cuidador individual. Em casos de monoparentalidade, quanto maior a rede de apoio e de participação

* Denomina-se posição parental quando temos crianças ou adolescentes ocupando e desempenhando funções de adultos quando não têm capacidade emocional ou cognitiva para tal. (N.A.)

efetiva de outros membros nas funções parentais, menor o índice de estresse previsto.

## Famílias reconstituídas

Famílias reconstituídas são famílias formadas pela mistura de filhos ou agregados, que chamamos de os seus, os meus e os nossos. Esse arranjo acaba criando uma enigmática charada muitas vezes similar à equação da criação do universo na hora de entrelaçar personalidades e individualidades tão diversas e complexas no convívio do dia a dia. Para complicar um pouco mais temos um novo elemento que foi deveras empoderado na última década e que também ganha seu protagonismo nas famílias de hoje – o pet. Nessa lógica também cabe a matemática dos meus, dos seus e dos nossos, fazendo o caldeirão da diversidade familiar fervilhar pelas diferenças de raças, de espécies (cães e gatos, por exemplo), pelo temperamento de cada um dos pets e pelo tipo de criação e papel na família que cada um deles tem e pela dinâmica interativa de pets diversos e de filhos e pais diversos. Uma combinação com alto potencial explosivo, nitroglicerina pura na saúde mental dos envolvidos.

### Famílias homoparentais: diádicas, triádicas e afins

São cada vez mais numerosas as uniões afetivas entre pessoas do mesmo sexo, principalmente nos países que gozam de maior liberdade democrática e religiosa. Esse tipo de relação sempre ocorreu na história humana, todavia, nos dias de hoje protegidos pelo manto da lei, as pessoas se permitem não apenas assumir, mas também legalizar esse tipo de união familiar. As uniões homoafetivas agregam filhos de relações hétero ou homoafetivas anteriores, ou, ainda, a nova parentalidade é obtida através do ato da adoção, da barriga de aluguel ou da recorrência a bancos de esperma, sendo o bebê gestado por uma das mães, no caso de mulheres, ou de barriga de aluguel, no caso de homens. Nada impede, porém, que a junção dos meus, dos seus e dos nossos também venha a ocorrer neste tipo de configuração afetiva, inclusive havendo um novo elemento social – os casamentos triádicos ou com mais elementos. Não há nenhum fator subjetivo que aja como um agravante ou como um atenuante de conflitos inerentes a famílias nesse tipo de relacionamento, ou tampouco que tire a legitimidade dessa configuração como uma verdadeira família. A teia familiar é a confluência das subjetividades independente e totalmente alheia ao sexo biológico das pessoas envolvidas e do tipo de relação hétero ou homoafetiva.

## Famílias com adoção

O processo de adoção é prevalentemente motivado pela incapacidade da geração de filhos biológicos por um ou ambos os parceiros envolvidos no relacionamento afetivo. Como se diz costumeiramente no meio da adoção, a alternativa primeira dos casais costuma ser a biologia. Quando ela não corresponde, mas o desejo parental é grande, vamos em busca da adoção de uma criança. As estatísticas dos juizados da infância respaldam claramente essa afirmativa.

Todavia, eventos novos estão surgindo nesse campo, homens e mulheres solteiras, hétero ou homoafetivos, têm se candidatado cada vez mais ao processo de adoção, bem como os casais homoafetivos e os casais triádicos ou com mais membros em sua composição. Vale lembrarmos que a justiça tem respaldado esse tipo de união (trisal), permitindo a inclusão de um terceiro elemento na certidão de nascimento da criança com a mesma igualdade de direitos e tomada de decisão no processo educacional.

Há problemas potenciais em famílias com crianças adotadas, e vamos novamente aos dados disponíveis nos juizados especializados e nos acompanhamentos clínicos que tenho vivenciado de casos assim nos últimos anos. Muitas adoções são feitas de maneira pouco orientada, sem entrevistas especializadas capazes de avaliar desde as condições psicológicas dos adotantes até os verdadeiros fatores motivacionais da busca por uma criança. Vale lembrar também que muitas adoções em nosso país ainda ocorrem de modo informal, sem passar pelo processo de varas especializadas do judiciário, o que pode tornar o processo ainda mais propenso a estresses.

Adotar *deveria*, vale o grifo, ser um grande ato de amor, generosidade e desprendimento. Surpresas podem acontecer, afinal, na maioria dos casos, não há dados sobre os genitores e tampouco acompanhamento pré-natal. Se no processo de gestação natural não controlamos absolutamente nada, na adoção não é diferente.

Crianças podem apresentar má-formação congênita por uso de teratogênicos* pela mãe durante a

---

* Define-se como agente teratogênico qualquer substância, organismo, agente físico ou estado de deficiência que, estando presente durante a vida embrionária ou fetal, produz alteração na estrutura ou função da descendência. Substâncias como drogas, álcool, nicotina, cafeína e até estresse excessivo podem ser considerados teratogênicos. (N.A.)

gestação, podem acontecer erros inatos de metabolismo, problemas psiquiátricos dos pais, síndromes genéticas, estresses gestacionais intensos e contínuos, problemas cognitivos e, pasmem, até a tonalidade da pele e tipo de formação capilar podem "decepcionar" os pais adotivos a ponto de gerar desmotivação e abandono emocional e físico.

Outro elemento que nos leva a uma potencial fonte de problemas se chama "apego reativo". Crianças que são adotadas mais tardiamente, que lembram de ambientes invalidantes e violentos, que foram retiradas de suas famílias de origem, têm aprendizados iniciais que reportam a situações e pessoas como seres não confiáveis, afáveis ou protetivos. O resultado disso é que quando são adotadas por uma nova família, experimentando assim um novo ambiente diferente das suas origens, as crianças tendem a testar todos os limites possíveis dos pais adotivos na intenção de verificar um efeito chamado de "paridade ambiental". Em suma, eu passo a me relacionar com o ambiente com as estratégias que aprendi precocemente, ou seja, meu ambiente é instável e inseguro, logo preciso confirmar isso através de estratégias interativas com o meio ambiente novo.

Quebrar objetos, agredir pessoas, provocar rechaço são condutas esperadas em casos assim, e o grande problema é que os pais adotivos não são nem orientados e nem instruídos a lidar com isso. A primeira medida desses pais é o comportamento punitivo, afinal os psicólogos nos ensinam que se não limitarmos as crianças criaremos monstros. Essa afirmativa é em tese verdadeira, porém, como tudo na vida, temos que contextualizá-la. Crianças com aprendizagem e registros precoces de ambientes instáveis aprendem a mimetizar os seus ambientes e precisam de tempo para entender que o ambiente mudou.

O que vai efetivamente proporcionar a mudança das estratégias interativas dessas crianças é a estabilidade e constância do novo ambiente. Em suma, punir crianças com apego reativo é reforçar a ideia de que o ambiente é instável e pouco confiável, reforçando, assim, o modo agressivo de interação por parte da criança para com seus cuidadores.

Punir no apego reativo é empurrar cada vez mais a criança ladeira abaixo no modo de interagir com o sistema social, resultando em maior dificuldade de formar vínculos saudáveis futuros, menor capacidade de regulação e expressão emocional e comportamentos agressivos e punitivos com o mundo externo.

Os códigos de aprendizagem impressos nos registros iniciais de uma criança desde o seu nascimento tendem a ser conservadores e acabam por ser dominantes na interação com o ambiente até que a constância de um novo ambiente possa promover os ajustes desses algoritmos básicos precocemente formados. A questão é que isso leva um certo tempo e não ocorre da noite para o dia. Os pais adotivos sabem disso? São instruídos sobre isso? São orientados quanto a não punir e manejar esses comportamentos? A resposta é um definitivo não para todas essas questões.

Há um outro ponto, este mais conhecido e orientado pelos profissionais que encaminham adoções, que se refere à necessidade intrínseca que a imensa maioria dos adotados possuem de se conectar com as suas origens em algum momento da vida. Isso implica desde querer saber quem são os pais biológicos, suas histórias, o porquê do abandono e até, em alguns casos, querer conviver com eles e com possíveis irmãos, se for o caso. Os pais adotivos podem interpretar isso como desamor, como uma traição afetiva, podem sentir medo do abandono e ter a estabilidade das suas parentalidades ameaçadas.

Por parte dos filhos, podemos ter problemas de não se sentirem aceitos e pertencentes à família, com trato diferenciado dos irmãos, principalmente de filhos consanguíneos, de instabilidade emocional parental e muitos outros conflitos subliminares derivados do convívio familiar.

Há muito potencial para conflitos, e isso se explica pelas nuances descritas implicadas no processo da adoção. Isso serve de alerta para que a dedicação e a atenção a essas famílias sejam cuidadosamente redobradas.

## Famílias intergeracionais

Famílias intergeracionais são as ramificações derivadas da origem de cada família; isso inclui avós, tios, primos em vários graus e os seus respectivos parceiros ou parceiras, independente dos laços serem consanguíneos ou não.

Neste sentido, todo tipo de interferência pode acontecer, seja de modo mais aberto e direto ou ainda através de mensagens subliminares. Quando você sabe o que uma pessoa pensa, e essa pessoa tem algum nível de importância na sua vida, não é necessário que ela emita uma opinião diante de alguma atitude sua, você sabe exatamente o que ela pensa e o que ela diria se tivesse oportunidade de se manifestar.

Há casos, ainda, em que esses parentes acabam por viver sob o mesmo teto da família nuclear, sendo uma forte presença e referência comportamental e emocional na educação de filhos e na dinâmica de funcionamento do casal.

Há os mais diversos fatores para que isso aconteça, mas em países com economia mais vulnerável, como o Brasil, fatores econômicos são os principais motivos para que várias pessoas sejam agregadas sob o mesmo teto.

Quando isso acontece, geralmente estamos falando de ambientes com relativa restrição de área física, gerando falta de privacidade e estresse por convívio intenso e restrito a uma parca metragem quadrada.

Dependência emocional também pode nos motivar a coabitar com a parentalha. Há fenômenos psicológicos que nos fazem acreditar que precisamos de orientações e direcionamentos de alguém em nossas vidas e nas nossas decisões. Na verdade, tais crenças nada mais são do que uma incapacidade patológica de autonomia e autoeficácia do dependente emocional, e deveriam ser tratadas em terapia para evitarmos danos irreparáveis por essa condição que soa confortável no momento, mas que cobra um alto preço lá na frente.

Criação e educação das crianças pode ser uma outra razão para dependermos de parentes. Seja como for, vamos cair no mesmo ponto, e o que nos leva a isso é a nossa incapacidade de autogestão financeira ou independência emocional para a gestão de nossas vidas. Seja lá o que for, a coabitação é potencialmente danosa, e isso não é nenhuma novidade. Jean-Paul Sartre, em sua magistral peça de teatro *Entre quatro paredes*, publicada no ano de 1944, nos eternizava com a célebre frase "o inferno são os outros" – conviva e verá.

Obviamente necessitamos de rede de apoio, isso é saudável e nos abastece de segurança e nos ajuda no controle do estresse; a grande diferença é: estamos juntos porque queremos ou porque dependemos? Eis a questão para determinarmos a fronteira entre relações saudáveis e relações patológicas.

Quando identificamos que o convívio, seja lá com quem for, foi suficiente e uma pausa e distanciamento se fazem necessários para evitarmos desgaste, é hora de nos questionarmos: temos acesso ao botão do basta, ou ele não está ao nosso alcance?

Essa pode ser a fronteira definitiva que irá determinar a qualidade das nossas relações com nossos pares.

## Famílias "solo" ou de pessoas que optam por não ter filhos

A maternidade compulsória tem tido presença e representatividade impactante nas famílias ao longo de toda a história. Antes do chamado processo civilizatório desencadeado no Iluminismo e da posterior Revolução Industrial que redesenhou as famílias e as deixou no formato conservador que ainda perpetua na nossa sociedade contemporânea, as famílias tinham filhos por motivos mais básicos e óbvios.

A necessidade de completude emocional, ideia vendida amplamente ainda nos dias de hoje, não era uma realidade em momentos da história como a Idade Média, por exemplo. Embora métodos anticoncepcionais primitivos fizessem parte da realidade de muitos casais, eles podiam beirar a perigosa bruxaria e trazer problemas, e via de regra não eram eficazes. Ter filhos era uma maneira de gerar mão de obra dentro da família para a manutenção das pessoas que lutavam arduamente em seus dias, para conseguir tirar da terra o necessário para a sobrevivência.

Os tempos modernos associaram a completude e a plenitude femininas ao ato reprodutivo – ter filhos torna uma mulher completa! Mulheres corajosas que optam pela não maternidade são julgadas até hoje com adjetivos de baixa nobreza quando bancam publicamente suas decisões.

Na prática há pessoas que não têm filhos nem parceiros, que vivem a vida familiar com suas referências originais ou com suas amizades e famílias extensas. Há, ainda, os casais sem filhos, uma certa tendência em países desenvolvidos devido à privação de liberdade e aos altos custos educacionais.

Nada disso nos livra de possíveis emaranhamentos e estresses de convívio. É coerente pensarmos, pelos altos índices de divórcio, que o tempo tende mais ao distanciamento do que à aproximação dos valores e costumes individuais das pessoas que vivem juntas. Mesmo que tenhamos conseguido um afastamento da maternidade compulsória e da não ampliação da família, dos conflitos não escaparemos, e essa afirmação, creia, tem um elevado grau de certeza.

## Famílias multiculturais

Mundo globalizado, famílias globalizadas. O aumento da imigração em todos os cantos do planeta, pelos motivos mais diversos, tem contribuído para uma miscigenação étnica e cultural que se reflete nos tradicionais modelos familiares. Se antes eram raros os casamentos fora das nossas "aldeias", nossas cidades ou estados, hoje essa premissa não vale mais.

Na base dos casamentos tradicionais de outrora sempre houve uma tendência endógena. Casar-se com pessoas próximas, conhecidos, aparentados ou com benefícios financeiros e comerciais permitia manter um certo controle de estabilidade política das famílias através destas uniões. Casamentos, segundo o antropólogo Robin Fox (1980), seriam uma forma de "acordo entre famílias".

O encurtamento do mundo, seja pela via de evolução dos meios de transporte, seja pela abertura gerada com o surgimento da internet e a derrubada dos muros entre as aldeias, facilitou a "contaminação" cultural. Uso a palavra contaminação aqui, no melhor e mais positivo sentido que ela tem. A miscigenação das culturas nos enriquece sobremodo, principalmente no seio familiar.

Resultam disso tudo famílias formadas por pessoas diferentes étnica e religiosamente. Famílias islâmicas com membros cristãos, judeus, nórdicos e assim sucessivamente – é o caldeirão étnico em ebulição no melhor e no pior dos sentidos.

O melhor é a democracia de afetos que ali se estabelece, e o pior é quando as portas dos embates ideológicos se abrem. Qual religião o casal e os possíveis filhos seguirão, o tipo de escola, política, e estilo de vida, onde irão viver e em quais condições econômicas? Tudo se transforma num material com alto potencial inflamável, basta deixar o tempo agir e os conflitos certamente virão.

## Famílias com cuidadoria compartilhada ou *co-parenting*

Em algumas famílias tem ocorrido uma prática cada vez mais frequente na nossa sociedade: a guarda compartilhada, geralmente instituída após o divórcio de casais e ou de trisais (ou mais membros). Os casais que compartilham filhos, mas que não vivem juntos romanticamente, também podem se enquadrar nesse tipo de modelo.

Em situações como essas, a responsabilidade pelas decisões sobre a vida dos filhos, que vão desde questões médicas até as que envolvem a educação, são compartilhadas entre os membros que compõem a parentalidade, o chamado círculo da parentalidade.

Dificuldades inerentes a esse modelo envolvem desde as diferenças de regras válidas em cada uma das casas de cada um dos pais até o relacionamento com os futuros parceiros de cada um, com seus respectivos meus, seus e nossos.

Mágoas do divórcio, que geralmente existem, podem conduzir esse processo educativo a discórdias e até a alienação parental. A equação também não é nada simples, e a administração desse enigma complexo pode ser resumida à fala de uma mãe para mim durante um processo terapêutico: "Tem horas que decidir os passos a serem tomados na vida do nosso filho se torna mais difícil do que o trabalho de um equilibrista que mantém vários pratos girando no ar sem que nenhum deles caia".

A abrangência dos modelos que descrevi acima é bastante limitada se comparada à velocidade de mudanças do sistema social. Vivemos um moto-perpétuo, e por mais que tentemos acompanhar a dinâmica dos relacionamentos, não vamos conseguir dar conta de compreender toda a diversidade gerada pela capacidade de mutação dos laços sociais e afetivos entre os seres humanos. O tecido social é muito flexível, e com a abertura e a liberdade de expressão conquistadas nas últimas décadas, catalogar formas de relacionamento afetivo, sexual e de modelos parentais se torna um desafio à beira do impossível.

A ideia é que possamos entender que por mais diferente ou diversa que seja a configuração dos laços afetivos constituintes de uma formação familiar eles serão sempre propensos a tensionamentos entre os seus membros.

# Novos tempos, novas famílias, velhos labirintos e os inúmeros porquês...

Por que é tão difícil romper relações tóxicas? Por que continuamos tomando doses diárias de um veneno que nos intoxica e pode nos levar até a morte por excesso de estresse? Por que é complicado darmos limites às pessoas da família ou que nos são familiares?

Por que, mesmo percebendo os problemas naquilo que nos ensinaram sobre a família ser uma fonte de amor e de proteção que deve ser honrada, "pessoas justas honram suas origens", não conseguimos nos afastar dessa fonte de estresse sem culpa e sem sofrimento? Por que quando odiamos nossa família e temos vontade de sumir do convívio deles, de simplesmente desaparecer, nos comportamos como devedores? Por que é tão difícil, mesmo não vivendo numa família altamente tóxica, darmos limites aos nossos familiares para mantermos nossa alteridade?

Um paciente me trouxe o seguinte relato:

*Meu pai foi meu ídolo, eu tinha uma admiração enorme por ele. Tudo ia bem até eu entrar na faculdade. Hoje estou me formando em medicina com um futuro promissor, e meu iminente sucesso começou a espelhar o fracasso da vida dele. Hoje isso é nítido para mim. O difícil para mim é que ele me agride com falas do tipo, "agora que você vai ficar rico vai sumir e esquecer da gente". Quanto mais eu argumento o contrário, mais ele fala essas merdas para mim. Um lado meu diz, "vai e faça sua vida", o outro diz, "você deve admirar ele, é seu pai, pô!". Seria ótimo se fosse assim, mas já percebi que a conexão sumiu e não vai voltar por decreto.*

A fala desse paciente jovem demonstra o desejo de que as "verdades" sociais venham a cumprir a profecia da família como elo de cumplicidade e proteção inquebrantável. Somos programados para achar que em algum momento tudo se resolverá porque assim deve ser, assim nos ensinaram mentirosamente.

O convívio em família é como as pecinhas de um jogo de montar do tipo lego. Conforme o que você está construindo, as peças podem se encaixar ou não. Como somos seres em constante transformação, aquilo que encaixou um dia pode não conectar mais, mas o contrário também é verdadeiro, isso tudo depende da direção de nossos projetos afetivos e do direcionamento e interesse dos outros com quem convivemos.

Nas desconexões, na ausência de "encaixes" é que se produzem os atritos e, dependendo do nível de estresse e da percepção que cada envolvido tem do evento estressante, os traumas se formam.

Repensando o conceito de trauma, não são apenas os eventos de magnitude elevada que nos deixam traumatizados. Acidentes, catástrofes naturais, violência doméstica, terrorismo, violência urbana são todos estímulos com alto potencial traumático. Van der Kolk (2020) redimensiona o trauma quando afirma que qualquer variável que altere o curso do desenvolvimento do cérebro infantil e da sua condição pode ser denominado trauma.

Estímulos recorrentes no convívio familiar cotidiano também têm grande tendência traumática devido à potencial toxicidade. Controles coercitivos excessivos, criticismo exagerado, falta de limites e imposição de tolerância à frustração, manipulação emocional ou *gaslighting*, vitimização constante, ausência de nutrição emocional e de disponibilidade física e abusos psicológicos são exemplos de ocorrências presentes no âmbito doméstico familiar. Elas podem ocorrer em qualquer ambiente ou lugar no qual convivam pessoas em maior ou menor grau, podendo ser traumáticas ou não.

# A família e a entropia

Entropia é a segunda lei da termodinâmica, até aí tudo bem, mas a pergunta que provavelmente você deve estar se fazendo é: "qual a relação disso com o nosso assunto?".

Esse livro não é um tratado sobre essa área específica da Física, chamada de Termodinâmica, mesmo assim vale uma definição desse assunto e da relação que ele tem a ver com nosso tema.

A Termodinâmica é a área da Física que estuda diversos fenômenos e sistemas físicos complexos em que podem ocorrer trocas de calor, transformações de energia e variações de temperatura. Especificamente, a segunda lei é a da Entropia, que pode ser definida como a medida de uma tendência gradual de desordem de um sistema, com tendências de expansão natural no universo.

De modo simplificado, podemos entender a Entropia como um tendencioso grau de desorganização dos sistemas naturais, inclusive os vivos, devido à interação com variáveis diversas presentes no meio ambiente. Desse modo, tanto na natureza quanto na sociedade, a entropia tende a crescer, exigindo ações que contenham o seu avanço em prol da busca do equilíbrio.

John Tooby, Leda Cosmides e Clark Barrett produziram um artigo clássico sobre as bases da ciência da mente intitulado "A segunda lei da termodinâmica é a primeira lei da Psicologia" (2003).

Steven Pinker (2017) considera que um sistema complexo como o organismo humano pode ser facilmente incapacitado, já que seu funcionamento depende de que uma imensidão de condições pouco prováveis aconteça ao mesmo tempo.

Em termos de psiquismo humano, e, principalmente, no entrelaçamento de necessidades individuais e subjetivas inerentes a cada psiquismo envolvido num sistema familiar e social, as relações são fadadas ao desordenamento. A solução para isso seria um forte trabalho humano, emocional e cognitivo na busca de algoritmos padrões que controlem a tal tendência à desordem.

De acordo com James Gleick (2006), em seu livro clássico *Caos: a construção de uma nova* *ciência*,* dentre os sistemas caóticos não lineares, aqueles sistemas sensíveis, incontroláveis e imprevisíveis, dada a incidência de incomensuráveis variáveis intervenientes, o comportamento humano é um exemplar clássico daquilo que não conseguimos nem prever e tampouco controlar. O comportamento humano é caótico pela sua própria natureza, tendendo, portanto, à entropia.

A sensibilidade e a tendência à instabilidade dos sistemas familiares estarão respaldadas nessa propensão de sistemas sensíveis à desestabilização. Laços emocionais podem não ser suficientes para estabilizar o sistema, muito antes pelo contrário, eles costumeiramente se tornam a fonte de desordenamento e caos.

*Sou acusada de desunir a minha família. Meu pai me abusava sexualmente com uma certa conivência da minha mãe, desde a minha puberdade até a minha adolescência. Depois que eu perdi a virgindade com um namorado, talvez ele tenha se sentido traído e parou com os abusos, até onde eu lembro. Na minha*

---

* A Teoria do Caos diz que mudanças insignificantes no início de um determinado evento podem gerar mudanças profundas no futuro, o que tornaria o sistema caótico e impossível de ser previsto. (N.A.)

*realidade, eu achava que aquilo era parte da intimidade de pai e filha. Só fui entender de fato que era abuso quando ouvi uma palestra na escola do meu filho sobre abuso sexual, e aí minha ficha caiu e tudo fez sentido. Até então tinha a ideia de meu pai ser negligente, violento, mas cuidadoso e voltado para a família, para o cuidado de mim, das minhas duas irmãs e de meu irmão mais novo. Vejo várias sequelas dessa desagregação familiar na minha vida hoje, inclusive a minha necessidade de anular meus desejos e de me colocar como objeto de satisfação do outro. Algo dentro de mim me leva a não dizer não. Com o passar do tempo, depois da palestra da escola, os encontros com meu pai me geravam fortes reações somáticas ao longo dos dias. Decidi, então, confrontá-lo sobre o que ele fazia comigo e, tenho certeza, com minhas irmãs também. Ele disse, cafajeste que é, que aquilo não era verdade. Nessas horas começamos a duvidar de nós mesmos, da nossa sanidade. Ele chegou a dizer para o meu irmão que aquilo possivelmente tinha acontecido com outras pessoas e num estado de confusão mental eu teria atribuído a ele. Resolvi me afastar do convívio dele, e advinha! Sou acusada de rancorosa e de ser dura pelos meus irmãos, além de desagregar a família. Aliás, uma família de merda que nunca foi agregada de modo saudável. Por incrível que pareça minha cabeça ainda é povoada por dúvidas do tipo:*

*estou desunindo minha família só por causa disso? Só por causa disso? Socorro, o que aconteceu é o suficiente para marcar negativamente para sempre a vida de alguém. O problema é que às vezes acabo cedendo ao convívio familiar por parecer não ter certeza dos meus direitos de romper com meu pai. É difícil voltar a um lugar que me faz sofrer e não entender por que faço isso. É muito ruim nos decepcionarmos conosco, não termos nem a quem culpar além de nós mesmos.*

*Tânia, 37 anos*

Sistemas familiares são compostos de miríades de variáveis interrelacionadas, incapazes de serem controladas ou previstas, sensíveis a estresses e desgastes por estímulos de alta intensidade ou de baixa intensidade, porém intermitentes, derivados do processo interativo afetivo social. Somos sistemas sujeitos à desordem, sujeitos a problemas e desajustes. A grande questão é que, mesmo gerando sofrimento, é difícil o corte dos laços que nos mantêm unidos. Por incrível que pareça, essa é a ordem do caos.

# É difícil romper, mas por quê?

Nossos pais, nossos cuidadores, sejam bons ou negligentes, caloroso e presentes, violentos ou ausentes, seja como for, são nossas primeiras referências de como é o mundo ao qual somos recém-chegados. Crianças enxergam o mundo pelos olhos dos adultos e constroem suas crenças e suas autoestimas de modo passivo ou reativo a tudo o que está sendo vivenciado enquanto ela cresce. O mundo gira lá fora, mas gira também nas nossas cabeças.

Romper com seu programa de base requer que você tenha, pelo menos, tido a oportunidade e a capacidade de começar a desenvolver um senso crítico e autorreflexivo da sua vida, da sua família e dos seus valores. A inserção no mundo social costuma ser a abertura de uma porta para o mundo que nos fornecerá parâmetros diferenciados do que recebemos em casa e que nos permitirá a crítica das nossas referências primárias.

A capacidade de percebermos excessos e toxicidades não implica necessariamente na capacidade de nos protegermos. Romper laços definitivos é radical e, em muitos casos, é a única via para a obtenção de uma saúde mental e regulação emocional.

Em um razoável número de casos só precisamos mesmo é nos proteger das doses homeopáticas desse veneno que nos é administrado, o que não faz com que ele seja menos "letal", principalmente quando vivemos isso de modo longitudinal.

Certa feita um amigo representou metaforicamente isso ao me dizer que havia desenvolvido, depois de muita terapia, uma espécie de roupa de amianto, aquelas que nos permite entrar no fogo sem ser chamuscado.

A cada nova visita a sua família, a roupa metafórica era a sua proteção. Quando a coisa começava a esquentar demais, ele ia embora, por saber o quanto sua "veste de amianto" era capaz de tolerar o fogo. A veste tinha um limite, quando as provocações da família emergiam, quando os gatilhos da discórdia e da invalidação começavam a disparar, era hora de ir embora e voltar ao seu lugar de proteção. A identificação desses gatilhos foi de crucial importância e o ensinou a tolerar até onde era possível suportar a convivência sem maiores prejuízos.

A toxicidade é algo que brota das relações afetivas e dos entrelaçamentos sociais com tendenciosa naturalidade. Podemos considerar que há toxicidade ou tendência a ela, mesmo que em níveis baixos, quando a coisa não está boa para um dos lados no decorrer do jogo social. E isso ocorre com muita facilidade, pois é comum termos atitudes que venham a incomodar, invalidar, ofender ou agredir o outro, mesmo que não sejam conscientes de nossa parte. A saída para isso é baseada em relações que permitam que as emoções sejam expressas de modo assertivo e na existência, no alicerce das relações, de empatia.

A empatia é a ferramenta de ajuste do sistema, ela permite que haja uma escuta validante do outro, e quando há afeto e cuidado, há validação do outro. Validar, todavia, não implica em concordar, mas, sim, entender a perspectiva e a lógica do outro.

A empatia, por sua vez, não é uma roupa muito fácil de se vestir, sobretudo quando tratamos de necessidades e demandas emocionais. A empatia é muito promulgada e pouco executada, afinal ela depende do sistema emocional, e as emoções não costumam refletir, elas não são racionais, elas simplesmente se manifestam. Refletir cabe aos processos cognitivos que têm a capacidade de dar uma interpretação ao que está sendo vivenciado. E aqui reside o problema: as emoções medeiam, manipulam e dirigem os pensamentos.

Os traumas e as carências emocionais do passado moldam a visão que temos dos fatos e as nossas necessidades egocêntricas e autovalidadas pela dor de tudo o que passamos, e isso dificulta que a empatia tenha espaço para que o outro seja percebido em suas demandas básicas, e assim sucessivamente.

A mesma dor que gera os conflitos e a revolta é a que nos ativa a culpa e a dependência. Esse mecanismo já está bem decifrado pelas neurociências.

A pesquisa de Steven Maier e de Martin Seligman de 1976 indica como chegamos aos caminhos da dependência e como ajustamos a nossa dor à realidade que se apresenta, por pior que ela seja.

Num experimento que ficou conhecido como Desamparo Aprendido, cães enjaulados recebiam choques intermitentes no solo de suas jaulas, havendo um compartimento que lhes permitia o escape quando expostos aos choques. Devido aos estímulos aversivos serem constantes e intermitentes, em dado momento os cães já não reagiam mais para tentar sair das jaulas. O lado trágico da dor e do sofrimento ia se ajustando ao contexto ambiental em questão.

Estudos posteriores com camundongos, ratos, macacos e elefantes nos trouxeram à tona mais uma série de esclarecimentos, mas também inquietudes quanto ao lado sombrio do sofrer. Quando esses animais eram submetidos a barulhos perturbadores, o estresse os fazia retornar aos seus lares, seus lugares de referência. A grande questão é que independente do lar ser estressante ou acolhedor, era para lá que eles retornavam.

Tendemos a retornar para nossas famílias, seja no mundo real ou imaginário, afinal é a unidade de referência básica que conhecemos e o local onde nos reconhecemos, seja caótico, seja funcional. Saímos de casa, mas a casa não sai de nós.

Há mecanismos neurobiológicos que nos conduzem a uma forma de vício no trauma, é o que Panksepp (2004) chama de "a dor do prazer e o prazer da dor", e que acaba por explicar em grande parte essa tendência.

Solomon (In: Van der Kolk, 2020), da Universidade da Pensilvânia, contribui para o tema demonstrando que a biologia tende a se ajustar àquilo que é perigoso. No início é o desprazer, para logo depois surgir um mecanismo muito similar ao *craving** identificado na dependência química. A gratificação neuroquímica ativa processos de recompensa no cérebro associados ao núcleo opioide e à liberação das endorfinas, nossos anestésicos naturais. Sofrer pode acabar sendo bom.

Van der Kolk (2020) demonstra num experimento feito com veteranos de guerra que após a ativação das memórias traumáticas no cérebro, havia a liberação de algo em torno de oito miligramas de morfina, o equivalente ao que se aplica num pronto-socorro para um paciente com dor muito forte. Esse é o mecanismo envolvido na dor do prazer e no prazer da dor.

Parece que as referências originárias que criamos no convívio familiar não nos oferecem a chance de lermos e entendermos qualquer coisa fora da nossa aldeia originária. Nossos processos cognitivos, principalmente o da discriminação, ficam comprometidos. O sistema só reconhece aquilo que ele aprendeu por repetição e convívio intenso, qualquer coisa que soe diferente volta a ser interpretada pelo programa de base. Esse processo

---

* *Craving, ou fissura,* é caracterizado como o desejo incontrolável e urgente para o consumo de alguma substância ligada à dependência. É comumente relacionado a hábitos considerados como vícios, como o consumo de bebida alcoólica, cigarro ou drogas ilícitas. (N.A.)

contamina tudo, sendo muito semelhante a um vírus computacional que compromete a leitura de dados de um sistema. Esse vírus, nos humanos, é o nosso sistema emocional esculpido pelo trauma.

Freud chamava isso de compulsão à repetição, que nada mais é do que um retorno à origem numa tentativa de resolução. Voltamos em busca de amor onde sempre há o tapa. Desejamos numa esperança pueril que o filme que já assistimos centenas de vezes acabe de um modo diferente.

Nos habituarmos a obter prazer na dor faz parte de um programa biológico descrito por Spinoza e adequado às neurociências por Damásio numa obra intitulada *Em busca de Espinosa** (2004). Esse mecanismo se chama *conatus*, termo do latim que significa esforço, inclinação, tendência e cometimento.

Na filosofia o conceito é entendido como a inclinação inata de uma coisa para continuar a existir e se aprimorar. Esta "coisa" pode ser a mente, a matéria ou uma combinação de ambos. Em suma, podemos dizer que *conatus* é algo como "a vida clama pela vida, a vida acima de tudo". Darwin já alertava sobre isso quando dizia que a seleção natural é amoral, que ela não visa nem o

* A publicação optou pela grafia "Espinosa". (N.E.)

bem nem o mal da espécie, mas sim sua adaptação, seja lá a que custo.

Está tudo explicado, nossa biologia é programada para se habituar.

# É difícil para muitos, mas para alguns é bem pior

Se a família é uma equação complexa para todos nós, para a mulher ela tende a ser um calabouço. Tendo pesquisado muito nos últimos anos sobre feminismo e sobre a luta pelos direitos de igualdade das mulheres, resumo a três os momentos históricos que são conhecidos como conquistas, mas que tenho a tese de que nada mais foram do que concessões interesseiras ou necessárias por parte do patriarcado vigente.

Primeiro o direito ao sufrágio, segundo o acesso ao mercado de trabalho, e terceiro e último o empoderamento da sexualidade feminina com o surgimento da pílula anticoncepcional nos anos 1960.

Vamos ressignificar uma a uma as ditas conquistas. Os movimentos sufragistas são derivados, em parte, do acesso das mulheres ao mundo intelectual e científico das universidades, berço das novas ideias comunistas que fomentavam uma sociedade mais equânime àquela época. A elite intelectual queria mudar o mundo e necessitava de ideias arejadas e de condutas efetivamente transformadoras.

O século XIX vira o palco perfeito para essas reivindicações. Movimentos sufragistas importantes surgem na Nova Zelândia, primeiro país a conceder o direito de voto às mulheres, na Inglaterra, França e Estados Unidos.

Depois de muitas mulheres em diversos cantos do mundo serem presas ou até mortas pela polícia, por que conseguiram ter acesso a esse direito, afinal? Há fortes indícios de que havia necessidade de maior representatividade política de determinados partidos nas câmaras legislativas ou parlamentos. O voto feminino era feminino, mas em quem elas votariam passava pelo crivo masculino, em geral dos maridos ou dos pais.

Se você duvida disso, vamos às evidências. Basta analisarmos as representatividades numéricas de mulheres parlamentares no mundo, mas sobretudo no nosso país, o que nos faz pensar que ainda vale a lamentável máxima: mulher não vota em mulher.

O movimento feminista sempre sofreu ataques conceituais e misóginos no intuito de desqualificá-lo e desorganizá-lo, e isso segue vigente ainda hoje. Coisas como "isso é coisa de mulher frustrada, encalhada, coisa de comunista, de mulher masculinizada que não conhece o seu lugar na sociedade e na família".

No Brasil, foi somente no século XX que o voto feminino se tornou uma realidade. Foi no ano de 1934 que ele surgiu, mas de modo facultativo, sendo que a obrigatoriedade só passou a valer no ano de 1943.

Definitivamente, a politização feminina oferece risco à masculinidade vigente. Vamos novamente às evidências: quantas mulheres líderes de partido já tivemos em nosso país? Quantas prefeitas? Presidentes? Senadoras, deputadas e vereadoras? Quantas das que ascenderam ao poder foram ridicularizadas por seus atributos físicos, por sua suposta falta de beleza ou por sua "masculinidade"? Vou deixar a diversão de pesquisar em sites adequados para você, leitor!

Esse macroecossistema se repete no microecossistema dos lares brasileiros. Costumeiramente, discutir política é coisa de homem, e quando as mulheres tentam impor suas ideias não é raro o deboche e a desqualificação. Em geral o voto doméstico tende a seguir a trilha impositiva masculina. Óbvio que temos nichos de resistência, mas a imensa maioria do nosso povo feminino é, tristemente, pré-letrado politicamente, e isso não é culpa das mulheres, acreditem.

*Letícia, quando falava de política na casa onde viveu e cresceu, despertava o interesse da sua família não por suas ideias, mas por seu interesse ser considerado algo exótico. Seu pai, um advogado com formação bastante erudita, e seus dois irmãos pedantes intelectualmente achavam divertido ela se expressar, dizer o que pensava sobre o mundo, sobre os fatos políticos. Letícia sempre leu e estudou muito para chamar a atenção de seu pai, mas o "trono" dos reconhecimentos intelectuais era sempre para os filhos homens, sobretudo o mais velho, o sucessor do pai no escritório de advocacia. Letícia percebia que quando ela expunha suas ideias o pai a admirava assim como um adulto se encanta com uma criança quando ela fala gracinhas. Ela considerava aquilo uma infantilização das ideias femininas, ele era assim com todas as mulheres, inclusive sua mãe, uma forma de domínio e descredenciamento, de rebaixamento do outro. Sua mãe era uma mulher brilhante, phD na Sorbonne, que alguns anos depois de se casar com o pai virou mais um cérebro fértil domado pelo lar. Letícia estudou a ponto de se tornar especialista numa área extremamente masculina e foi lecionar e morar no exterior sem nunca ter recebido o reconhecimento do pai até a morte dele. A mágoa é que todos os seus atos de amor e de busca de validação nunca surtiram efeito. Ele só queria se relacionar com seu lado feminino infantil, submisso e meigo, o resto, que é quem realmente ela era, nunca surtiu uma admiração sequer. Passados muitos anos, isso dói até hoje.*

*Letícia, 45 anos*

O acesso ao mercado de trabalho também nos levanta algumas suspeitas sobre o fato de ser uma conquista ou uma concessão. O pós-guerra nos Estados Unidos e em muitos outros países gerou uma demanda imensa de mão de obra, tanto para a área da indústria quanto de serviços. Quem estava disponível? Você já sabe a resposta.

Embora a sociedade dependesse economicamente do trabalho feminino, os direitos, as normas, o respeito e a hierarquia nunca foram os mesmos que os dos homens, e foram eles que sempre ditaram as regras desse jogo. É um verdadeiro espanto que essas discrepâncias perdurem até hoje.

Nos países industrializados, a presença de homens nas áreas de tecnologia e nas fábricas ainda é superior, em contrapartida nas áreas da saúde, educação e áreas sociais as mulheres têm tido maior representatividade, são áreas envolvidas no cuidado com o outro.

Conforme o Instituto Nacional de Estatística (INE) e a Organização Internacional do Trabalho (OIT), na média global de atuantes formais no mercado de trabalho, a participação feminina é ainda inferior à masculina, refletindo profunda desigualdade de gênero na questão.

Entretanto, é incomensurável a força de trabalho feminina no batalhão da informalidade. Diaristas, doceiras, costureiras, manicures, lavadeiras, babás, cozinheiras, enfim, um universo de produção de recursos e de sustento de lares que nunca chegarão aos dados oficiais dos governos.

Em 2022, o número de famílias brasileiras ultrapassou a marca de 72 milhões, e pela primeira vez o percentual de mulheres responsáveis por elas, 51%, foi maior do que o percentual dos homens, 49%. Desde 2019, mais mulheres são responsáveis pelas famílias nas localidades urbanas das regiões Norte e Nordeste (Fonte IBGE, 2025).

Conforme dados recentes do Brasil (2025), segundo *O Globo* de outubro de 2024, as mulheres ganham em média 40% menos que os homens. Em cargos de gestão, mesmo desempenhando as mesmas funções, elas chegam a ganhar 20% a menos. Isso sem levarmos em conta a desqualificação e a misoginia por elas sofridas nos ambientes de trabalho e fartamente relatadas em estudos recentes.

Há literatura abundante sobre o tema. Se você deseja explorar mais, basta ler o clássico *O segundo sexo*, de Simone de Beauvoir (2020), passando por Sheryl Sandberg (2015) com seu livro *Faça acontecer*, ou ainda Francine Blau (2012) com a obra *Gênero, desigualdade e salários*.

*A desigualdade acontece mesmo em países nos quais os homens já se comportam bem diferente dos latinos com relação às tarefas domésticas e no cuidado com os filhos. Vivo na Alemanha, meu marido é alemão, naturalmente presente e participativo nos afazeres de casa, porém, tenho um filho de dois anos, faço homeworking por causa do nosso filho enquanto meu marido trabalha presencial. Aparentemente não há nada de errado, mas ando esgotada, e não conseguimos pagar mais do que quatro horas semanais de uma babá. No trabalho dele, e não é culpa dele, é desse sistema que não pensa nas mulheres, ele consegue viajar, sair do trabalho e beber uma cerveja com os amigos, enquanto eu passo o dia em casa, trancada, cuidando do nosso filho. Não vejo pessoas, ganho menos por estar em casa, se estivesse no escritório ganharia mais, e ainda por cima, fica bem mais difícil progredir na minha carreira; estou adoecendo.*

*Marcele, 38 anos*

Vendida como empoderamento da sexualidade feminina, a pílula anticoncepcional surgiu nos anos 1960, desenvolvida por uma indústria em poderosa ascensão – a indústria farmacêutica. Por trás do "você agora é dona da sua sexualidade sem riscos", existia uma realidade inerente ao universo feminino, como a possibilidade de mulheres engravidarem nas suas atividades ocupacionais, "onerando" as empresas com suas faltas derivadas de licenças-maternidades, amamentação ou problemas de saúde comuns aos recém-nascidos.

Não vamos nem comentar o fato de que até hoje não temos uma pílula anticoncepcional masculina. A realidade das mulheres que ousam serem donas da sua sexualidade é a de receberem a pecha de fáceis, rodadas, não serem sérias nem para casar ou constituir família, isso para ficarmos apenas nos termos publicáveis.

Homens ainda buscam seus domínios históricos se organizando em grupos nos quais despendem conteúdo de masculinidade tóxica e pelo retorno de uma família tradicional, na qual a posição feminina é de submissão e rebaixamento. Basta uma pesquisa rápida de perfis com esse tipo de conteúdo nas redes sociais, há material farto e crescente.

A família, influenciada por esses constructos sociais que geram uma enorme discrepância de conduta entre os gêneros, tem maior probabilidade de ser mais tóxica para mulheres do que para homens.

Novamente os números atestam isso. Estudos sobre saúde feminina têm apontado uma queda relativa na expectativa de vida das mulheres nas sociedades industrializadas, e isso tem tudo a ver com as convivências familiares e o que esperamos das mulheres na família e na sociedade.

A expectativa de vida feminina sempre oscilou num intervalo entre seis e oito anos a mais para as mulheres nas últimas décadas. Embora a expectativa de vida global tenha aumentado devido ao avanço da ciência e da tecnologia, a das mulheres, comparativamente à dos homens, tem caído de alguns anos para cá. As mulheres têm desenvolvido mais neoplasias, doenças cardiorrespiratórias, doenças autoimunes e transtornos psicológicos como ansiedade e depressão (Maté, 2023).

Se avaliarmos o que se esperava do comportamento feminino no século passado, muito bem descrito por Mary Del Priore (2020) no seu livro *Sobreviventes e guerreiras*, e o que esperamos do comportamento feminino atualmente, somos levados a crer que a qualidade de vida das mulheres nos dias de hoje acaba sendo inferior à das mulheres do século passado.

Mas por que isso? A resposta está na expectativa de desempenho das funções sociais de cada época. O mundo mudou e continua mudando, em aceleração elevada e ascendente.

No século passado as funções domésticas e educativas de crianças eram as verdadeiras responsabilidades atribuídas à mulher. Não lhe era atribuída a função de provedora do lar, e se isso ocorresse por acaso não era bem-visto pelo crivo social.

Hoje essas mesmas atribuições seguem na pauta dos afazeres femininos, porém, temos aqui uma grande mudança. O script social feminino ganhou um grande incremento de funções para as mulheres, enquanto para os homens se tornou mais leve.

Nós, membros pertencentes da viril população masculina, ganhamos o privilégio de dividirmos boletos, ufa, que maravilha a redução da tensão e do estresse de sermos provedores absolutos do lar. Já às mulheres lhes coube "conquistar" o "direito" e a "obrigação" de dividir as despesas do lar e da educação dos filhos.

As "conquistas" não param por aí, vieram acompanhadas da necessidade de ser produtiva, bem-sucedida na carreira, estar em dia com a forma física e a beleza e, de preferência, não envelhecer, caso contrário, o etarismo e a ditatura da beleza as condenam ao limbo social.

No lado masculino ganhamos o benefício de dividirmos despesas e de continuarmos sendo exatamente como sempre fomos. Isso sim é conquista!

Se você acha que não é assim, então vamos a uma checagem rápida. Quem normalmente na sua casa se preocupa e se ocupa efetivamente com as seguintes funções: Tirar certidões e documentos dos filhos, marcar consultas e exames em diversos especialistas, matricular na escola, levar filhos na escola ou gerenciar quem os leva, se preocupar com os uniformes limpos para o dia seguinte, revisar e higienizar a mochila e a lancheira, cuidar do lanche para o dia seguinte, roupas e pijamas para lavar, itens para o jantar e demais refeições, ida ao supermercado, aniversários de coleguinhas nos finais de semana, presentinhos para os coleguinhas, gerenciar WhatsApp da escola, gerenciar funcionários do lar, saber a dose do paracetamol em caso de febre e muito mais. Quem faz isso na sua casa? Se você tem a sorte de viver numa bolha, parabéns, mas olhe para fora. Quem faz isso na sociedade?

Você acha que isso é coisa de mulher? É por isso que elas estão adoecendo mais e precisando da nossa empatia, e é por isso que viver em família é muito pior e muito mais tóxico para essa parte da população extremamente vulnerável – as mulheres!

Mulheres são "programadas" socialmente para maternar não apenas seus filhos, mas também seus maridos, são educadas para operar numa lógica de autossacrifício, uma lógica de culpa e de falta. Uma amiga querida me disse algo genial sobre isso: "Nós mulheres somos ensinadas na máxima de que amar é servir". Permito-me adicionar "servir com autossacrifício e adoecer".

*Minha mãe parecia me odiar, depois, com o tempo, descobri que não era ódio, era uma tentativa de me fazer ser adequada socialmente, de cumprir funções instituídas desde que o mundo é mundo e freneticamente cobradas por ela. Vinda de uma família de classe média, mais para baixo do que para cima, eu vivia com minha mãe, pai, um irmão mais velho e outro mais novo. Principalmente nos finais de semana, quando estávamos todos em casa, minha mãe começava a cobrar que eu a ajudasse. Ela, além de trabalhar fora, era a "empregada" de todos em casa. Ela me queria como a ajudante dela nas tarefas de casa, para servir ao meu pai e aos meus irmãos que não levantavam a bunda do sofá para nada. Nunca vi ela cobrar dos meus irmãos que eles deveriam arrumar as camas, limpar os quartos, lavar a louça. A cobrança vinha seguida de sentenças do tipo "você é minha única filha mulher, é sua obrigação ajudar sua mãe". Aquilo me dava uma raiva, mas mesmo não concordando, ativava meu botão de culpa em algum lugar, algo me fazia pensar que ela sofria e eu podia aliviar um pouco para ela, cabia a mim apenas. Sentir culpa me dava mais raiva ainda, o que gerava discussões terríveis com ela e eu acabava ouvindo coisas muito invalidantes sobre quem eu era. Seguido ela me chamava de ingrata, me acusava de não me preocupar com o bem-estar e a saúde dela. A mensagem subliminar era: a vida é difícil para mulheres, você é a outra mulher aqui em casa, não me deixe pagar a conta sozinha. Não cobrar os homens da casa era algo natural, e nesse assunto havia uma barreira quase concreta, separando "naturalmente" as funções delegadas pela sociedade para filhos e filhas. Não passava pela cabeça dela implicar eles no problema, e o pior, nem na minha. Estamos falando de um período que se estendeu do meado dos anos 1970 até a metade dos anos 1980, quando finalmente saí de casa. Essa escravidão, esse vampirismo de cobranças do papel de ser uma filha mulher durou até a morte dela. Meus irmãos foram para o mundo, ela ficou viúva, depois teve de ter uma cuidadora, eles mandavam dinheiro, mas quem estava no front ouvindo barbaridades sobre as minhas faltas era eu. Eu saía da casa dela arrasada, destruída, jurando que não voltaria mais lá, que gerenciaria a cuidadora e as necessidades dela à distância. A maldita culpa me levava dia sim dia não à masmorra da minha carrasca. Quando eu chegava na casa dela não tinha nem bom dia, a primeira coisa era: "ontem eu fiquei sozinha, ninguém apareceu aqui". Demorei a entender que não precisava ter passado por isso, criticava meus irmãos, mas eles estavam certos, eles souberam manter distância da toxicidade dela. E, de outras formas, ela sabia ser intensamente tóxica com eles também.*

*Martha, 62 anos*

Talvez pior do que ser mulher nas famílias tradicionais é ser LGBTQIAP+. Haja resiliência para que a toxicidade dita ou expressa nas entrelinhas dos abusos, aliadas às violências sofridas da porta de casa para fora, não destroce a autoestima e a saúde mental dessas pessoas.

Falta clareza e consciência parental quando optamos por ter filhos. Descrevi inúmeras destas questões num livro que publiquei no ano de 2023 intitulado *Cabe um filho na sua vida?*.

O processo que envolve ter filhos precisa ser entendido como uma verdadeira loteria, na qual nada se controla. Aliás, loteria é um termo inadequado, pois é uma forma de aposta, e eis a questão, filhos não são uma aposta, não são ações da bolsa de valores que nos geram esperança de obtermos lucros ou benefícios futuros. Ter filhos deveria ser um ato de absoluta generosidade e de capacidade de aceitarmos o ser que colocamos no mundo exatamente como ele é.

Sejamos específicos. Com relação à expressão da sexualidade que seu filho terá, e pode apostar, alguma forma ele terá, nem que seja se autoconsiderar como assexuado, você não tem e nem terá nenhum controle.

A falácia de que ser homossexual ou transexual não é "natural" é uma grande manipulação da desinformação que transita nessa área. Recomendo a leitura do livro do maior primatólogo do mundo, Frans de Waal, chamado *Diferentes: o que os primatas nos ensinam sobre gênero* (2023).

Tenha em mente: se há na natureza, logo, é natural. Primatas são frequentemente utilizados como análise comparativa com o comportamento humano, sobretudo os grandes primatas como o chimpanzé, o bonobo, o gorila e o orangotango, todos nossos parentes próximos pertencentes ao mesmo galho da árvore dos grandes primatas.

Comportamento homossexual e transexual são reportados nesses animais em observações tanto de cativeiro quanto de campo. A explicação para isso acontecer chega a beirar a simplicidade. O sexo genital se desenvolve antes do que o sexo cerebral. Devido ao processo ocorrer de modo assincrônico, ele pode ser díspar, ou seja, genitais para um lado, cérebro para o outro. Simples né?

Agora quando eu pergunto para os pais dos meus pacientes crianças ou adolescentes se eles têm preferências, roteiros, para a vida dos filhos, a unanimidade é: sim, temos! Queremos que ele tenha curso superior, que se case, que tenha filhos, que ganhe dinheiro e assim segue o baile. Mal sabem eles que não temos ingerência nenhuma sobre nada disso, e discorro sobre esse tema no livro *Mitos da parentalidade: livrando os pais da culpa infundada*, de minha autoria (2023).

A coisa fica ainda mais delicada quando abordamos a preferência sexual dos filhos. A quase totalidade dos pais quer que seus filhos sejam heterossexuais. Quando pergunto o motivo disso, imagino que vou escutar uma resposta um pouco mais nobre, algo como: "não quero que ele corra o risco de sofrer violência por parte da sociedade", mas não é assim. Os pais referem que querem filhos heterossexuais, pois isso é o "certo" é o "normal", assim eles me respondem.

Com todo o conhecimento científico que temos atualmente, nunca contaram para quem vai ser pai e mãe que eles não só não escolhem como não têm o direito de interferir na expressão sexual dos seus filhos? Que defasagem absurda é essa? Você sabe quem paga a conta? Toda a família, claro, mas principalmente a criança!

Quando digo toda a família me refiro aos estresses, retaliações, críticas e cobranças previsíveis em casos assim, atingindo todo o núcleo e toda a dinâmica familiar. Esse processo não traumatiza apenas a criança LGBTQIAP+, mas todo o entorno, esse processo é altamente tóxico e expansível a todo o sistema familiar.

É comum o bullying começar em casa com adjetivos pejorativos e ofensivos. Agora, você ter que pagar um preço por ser apenas você mesmo e seguir a sua natureza é pesado demais e injusto. Esse tipo de comportamento se converte num crime violento perpetrado por pessoas próximas que nos amam, ou deveriam amar, e que nós amamos, ou talvez devêssemos amar. Um crime sem pena, e quem paga o maior preço é a própria vítima.

*Depois de ser a vida toda rechaçado por minha família, um dia minha mãe me ligou dizendo: "Te perdoo". Eu: "Quem não te perdoa sou eu". A sociedade ocidental estruturou um amor fabuloso que toda mãe tem pelo filho. Isto não ocorre na vida real. Há mulheres que não têm talento para a educação. Tem mães demoníacas, que matam. Tem casais que espancam bichinhas até a morte. Gosto de mulheres que dizem: "Não nasci para ser mãe". Quando me falam do amor de mãe, digo: "Tu estás falando da tua mãe". A minha mãe era péssima, não sabia me amar, partia de um poder que eu tinha que ser o que ela queria. Quando venho para o Rio de Janeiro e consigo me sustentar, é fácil ligar e dizer: "Te perdoo". Perdoar de quê? Te fiz passar vergonha porque era maricas? O que a gente quer é só apoio, amor.*

*Milton C.**

---

* Depoimento público ao jornal *O Globo*, Rio de Janeiro, 23 de fevereiro de 2025. Usado neste livro com autorização do entrevistado. (N.A.)

Violência contra a população LGBTQIAP+, vivida dentro e fora de casa, resulta em elevados índices de depressão e suicídio, superiores aos da população geral de modo comparativo. O absurdo não para por aí, temos altos índices de violência psicológica, física e de assassinatos sofridos por essa população em todos os cantos do mundo, principalmente no nosso país, que vigora tristemente entre os mais homofóbicos do planeta.

Uma matéria no jornal *O Globo* de 13 de maio de 2025 trouxe números atualizados dessa barbárie, apontando que a "Violência contra a população LGBT cresceu mais de 1.000% na última década, conforme o Atlas da Violência no Brasil". Os registros apontam homossexuais, bissexuais e trans atendidos nos hospitais por agressões. (*O Globo*, 13 de maio de 2025)

Essa mesma dinâmica de toxicidade se aplica quando há a presença de neurodivergentes nas famílias, mais uma fatia da população extremamente vulnerável ao abandono, negligência e abusos.

Membros neurodivergentes em famílias é um outro fator absolutamente alheio ao nosso controle, que não costumamos cogitar quando vamos ter filhos, mas que desagrega uniões que se mobilizam em busca de culpados imaginários, de quem falhou no processo e de quem vai se dedicar aos cuidados especiais que esse filho precisa. Nada disso é fácil e se torna mais um fator de alta vulnerabilidade para a desagregação do já vulnerável sistema familiar.

# Hora do exorcismo: como sair do labirinto

A teia da família contemporânea está mais propensa à tensão do que jamais esteve. Os valores morais e os costumes familiares estão voláteis, as subjetividades estão em alta. Diante disso, há uma tendência de quebra da tradicional hierarquia que mantinha a união dos laços de sangue ou de afeto a qualquer custo. No contexto atual vivemos uma saudável pressão com vieses democráticos que acabam batendo à nossa porta.

Está bastante claro que velhos costumes e imposições que outrora funcionaram já não funcionam mais. Manter a família apenas por decreto, porque "tem de ser assim", já era. Essa roupa não nos serve mais.

Dentre os fatores que contribuíram muito para o nosso momento atual há um, em especial, que tem bastante peso: o ativismo digital. Quando a informação nos chega na palma da mão, seja lá onde estivermos, ela nos fornece critérios avaliativos e comparativos das nossas vivências com as de outras pessoas.

Tudo aquilo que você achava que acontecia apenas com você, apenas no seu universo e na sua subjetividade está sendo vivenciado por muita gente. Há muitos de você mundo afora, só que agora há um portal que permite a conexão entres todos nós.

A internet e as redes sociais mudaram o contexto social em definitivo. Você pode ter sido invalidado por sua família a vida toda, mas agora você vai ganhar colo e validação através de uma rede, você vai ganhar atenção, escuta e apoio. O ativismo digital permite que você tenha ou forme um juízo crítico, uma capacidade contestadora de avaliação sobre os fatos da sua vida comparativamente à vida dos outros numa capacidade nunca vivenciada.

Não se trata de leitura de livros, de formação de grupos de debates presenciais e muitas vezes distantes e impossíveis de serem frequentados, não se trata de passeatas pelas ruas, se trata apenas de acharmos nossa tribo em meia dúzia de cliques.

Aquilo que soava como natural do papel de um pai, de uma mãe ou de qualquer outra pessoa da família, aquilo que já foi inquestionável, agora pode ser contestado como inadequado ou tóxico. Basta que alguém nos aponte isso como um comportamento inaceitável ou patológico e lá vamos nós refletir e nos identificarmos ou não com aquilo, conforme o contexto das nossas experiências.

Há verdades que têm chegado em ondas massivas e contínuas, de fora para dentro, invadindo o terreno atualmente vulnerável e poroso dos nossos lares. A miríade de informações forma uma avalanche que chacoalha todas as nossas bases, tudo aquilo em que acreditávamos.

Se no passado a muralha de defesa era maior, sustentada pelos valores morais e pela religião, que fundamentalmente prega o altruísmo, atualmente esse sistema apresenta desgaste. Hoje as forças que atuam para a não aceitação da toxicidade parecem mais presentes do que em qualquer outro momento da história.

As toxicidades surgem porque na família temos a junção de pessoas diferentes, de seres com percepções, com valores, sentimentos e formas de interpretar o mundo peculiares e divergentes. As subjetividades acabam por se chocar no convívio enquanto o cotidiano acontece.

As tensões surgem em pequenos atos que podem se tornar grandiosos. A toalha molhada na cama é o gatilho, o portal que desfila o carrossel de mágoas criando um drama de fazer inveja a Shakespeare. O combustível do enredo dramático deriva do choque de valores individuais. Qual a balança que mensura o peso daquilo que é valor para um e para o outro? Por que aquilo que é importante para você deve ser priorizado? Você é mais importante do que eu? De quem é a prioridade agora?

O que é certo, o que é errado, e como isso é mediado e por quem isso é mediado no convívio diário é um verdadeiro quebra-cabeça. Divergências são o prato do dia servido no almoço e no jantar quando a família se reúne em torno da mesa.

Expectativas são a tônica nas relações que envolvem afeto. Não há como eu não esperar algo de você, não há como você não esperar algo de mim. Ninguém será capaz de preencher esse balde das expectativas individuais, como vamos lidar com a frustração depende do tamanho dela, depende de uma régua que mensura as expectativas, e essa régua é feita de medidas individuais, parâmetros subjetivos.

O palco das expectativas é o mesmo no qual atua a frustração. Criamos expectativas acerca dos papéis exercidos por nossos pais, nossas mães, nossos irmãos, que nunca serão cumpridos por eles. Isso ocorre porque nossas demandas de hoje não serão as mesmas de amanhã, e o outro não vive para se moldar de modo camaleônico aos nossos desejos e necessidades. A mimética não é um atributo presente nas relações interpessoais.

Há uma frase de Umberto Eco que se adequa bastante ao que estamos falando. O amor é seletivo e o ódio generoso. Atrevo-me a completar sugerindo que o amor evolui em progressão aritmética e o ódio geométrica.

As forças do amor sucumbem quando atitudes invalidantes são uma constante nas relações familiares. O amor é frágil, retrátil, o ódio é viril, externalizante. O poder da injustiça traumatiza e dilacera, e o amor familiar não é, definitivamente, uma força infinita que se sustenta por si só. Mesmo havendo amor pode haver dor. Laços de sangue são mais frágeis do que imaginamos, mais frágeis do que nos fizeram acreditar nas rodas de carochinhas sociais, nas escolas e nos templos religiosos.

Sendo as relações familiares marcadas por convivências longas e extensas, muitas mágoas se formam, e muitas vezes se tornam conflitos insolúveis. Grande parte dessas mágoas ficam armazenadas na nossa memória emocional apenas, sem que o nosso cérebro pensante se dê conta de por que estamos sofrendo.

Nós apenas sentimos, sentimos intensamente, mas não traduzimos ao mundo da consciência aquilo que sentimos. Para que isso aconteça, para que haja decodificação consciente, o portal do autoconhecimento deve estar aberto, caso contrário vamos repetir, repetir e sofrer e sofrer, levando conosco as dores para o túmulo.

Tentativas de resolução são comuns de acontecer. Quantas vezes tentamos encontrar canais narrativos, de comunicação verbal e até não verbal para nos queixarmos de situações desconfortáveis? O problema é que, por vezes, o preço que cobramos não pode ser pago pelo outro. Ele não tem caixa para isso, seu saldo emocional não alcança a dívida.

Costumamos demonstrar nossas mágoas de maneira mais intensa ou mais tímida para nossos familiares, mas nem sempre elas são decodificadas. Vale lembrar que interagimos com sistemas sujeitos a falhas, distorções, com histórias e traumas pregressos, com vulnerabilidades iguais ou maiores do que as nossas. Interagimos com seres humanos, apenas isso.

Esse é o labirinto, esse é o enigma. Como encontrar a saída? Quanto maior o tempo imerso no labirinto, maiores as chagas. Você precisa em nome da paz e qualidade de vida encontrar uma solução. Agora, se você depender do outro para resolver suas mágoas, você estará em maus lençóis. A capacidade de resolução do problema deve partir de você. Lembra da roupa de amianto?

Resolver as questões é bater de frente com as hierarquias, com os valores e até com os scripts familiares que projetavam um propósito ético, estético e por que não dizer épico, daquela família. Como ficam os papéis do provedor, do cuidador, do desleixado, do amoroso, do hostil, do inteligente e responsável, com o do burro e irresponsável? Ao tentar romper esses rótulos, acabamos enfrentando resistências de um sistema tendencioso, que se autorregula. Em suma, seu papel, por mais dor que lhe cause, ajuda o sistema a se manter operante.

O dia a dia desgasta, atrita e corrói. O constructo da família é tão escravizante que chega a ter um efeito hipnótico sobre seus membros, fazendo com que a inércia inerente ao seu conceito atue na direção da perpetuação do sistema, por pior que ele seja. O preço da perpetuação tem um nome: saúde e bem-estar dos envolvidos.

Muitas pessoas acabam repetindo, sem perceber os padrões familiares em outros relacionamentos – amorosos, de amizade ou no trabalho. E às vezes o mais difícil é reconhecer que aquilo que você aprendeu como "normal" na infância, na verdade, era danoso. Você sai da família, mas a família não sai de você.

Não é apenas uma certa distância física que permite a proteção, a tal "roupa de amianto", mais do que isso, é a reformulação conceitual e a ressignificação e reestruturação das crenças de culpa que mantêm a alteridade de quem é capaz de se reconhecer fora do sistema familiar de modo saudável e proativo.

As famílias tendem a ser para nós o tribunal, o juiz, o promotor e o próprio advogado de defesa, tudo reunido no mesmo lugar. O equilíbrio destas forças pode ditar a diferença entre o que é uma família disfuncional e uma família funcional.

Vamos deixar claro, depois de tudo, que há famílias funcionais, sim, mas para que haja funcionalidade é fundamental que sejam conhecidos e respeitados os limites das relações de poder e que, sobretudo, as relações possam ser constituídas na base da empatia e do cuidado com o outro, o que na prática não é nada fácil.

Esse labirinto tem saída, e você pode encontrá-la. Onde eu encontrei a minha, não é onde você encontrará a sua. Tudo é uma questão de sobrevivência, mas não basta estarmos vivos, a vida nos exige mais. Se as dores estão marcadas, que vivamos também os sabores, e eles estão ali, ali adiante, logo ali, na saída do labirinto.

Nos encontramos por lá, mas deixe a culpa para trás. A questão não é apenas sobreviver, a questão é, definitivamente, viver!

# Referências


Ariès, P. *História social da criança e da família*. Rio de Janeiro: LTC, 2021.

Beauvoir, S. *O segundo sexo*. Rio de Janeiro: Nova Fronteira, 2020.

Blau, F. *Gênero, desigualdade e salários*. Nova York: Oxford Press, 2012.

Caminha, R. *Cabe um filho na sua vida?*. Porto Alegre: Arte em Livros, 2023.

Caminha, R. *Mitos da parentalidade: livrando os pais da culpa infundada*. Porto Alegre: Artmed, 2023.

Caminha, R. *Darwin para terapeutas: socialização, emoções, empatia e psicoterapia*. Novo Hamburgo: Sinopsys, 2018.

Damásio, A. *Em busca de Espinosa: prazer e dor na ciência dos sentimentos*. São Paulo: Companhia das Letras, 2004.

De Waal, F. *Diferentes: o que os primatas nos ensinam sobre gênero*. Rio de Janeiro: Zahar, 2023.

Del Priore, M. *Sobreviventes e guerreiras: uma breve história das mulheres de 1500 a 2000*. São Paulo: Planeta, 2020.

Duby, G. *História das mulheres: a Idade Média*. Porto: Afrontamento, 1990.

Duby, G.; Ariès, P. *História da vida privada: da Europa feudal à Renascença*. São Paulo: Companhia das Letras, 1990.

Elias, N. *O processo civilizador 1: Uma história dos costumes*. Rio de Janeiro: Zahar, 1990.

Elias, N. *O processo civilizador 2: Formação do Estado e civilização*. Rio de Janeiro: Zahar, 1993.

Fischer, H. *Anatomia do amor*. São Paulo: Eureka, 1995.

Fox, R. *La roja lâmpada del incesto. Investigación de los orígenes de la mente y la sociedad*. México: Fondo de Cultura Económica, 1980.

Gleick, J. *Caos: a construção de uma nova ciência*. São Paulo: Gradiva, 2006.

IBGE. http://www.ibge.gov.br. Acessado em 13 de julho de 2025.

Jaeger, W. *Paideia: a formação do homem grego*. São Paulo: Martins Fontes, 2013.

Maier, S. F. & Seligman, M. E. P. "Learned helplessness: theory and evidence". *Journal of Experimental Psychology*: General, 105, issue 1, pp. 3-46, 1976.

Maté, G. & Maté, D. *O mito do normal.* Rio de Janeiro: Sextante, 2023.

Panksepp, J. *Affective neuroscience: the foundations of human and animal emotions.* Nova York: Oxford University Press, 2004.

Perry, B. "Incubados no terror: fatores neurodesenvolvimentais no 'ciclo da violência'". Em: Osofsky. *Jovens e a violência: a busca por soluções* (pp. 124-48) Nova York: Guilford Press, 1997.

Pinker, S. *Os anjos bons da nossa natureza: por que a violência diminuiu?*. São Paulo: Companhia das Letras, 2017.

Rousseau, J-J *Emílio ou da Educação.* São Paulo: Martins Fontes, 2018.

Sandberg, S. *Faça acontecer.* São Paulo: Companhia das Letras, 2015.

Tooby, J., Cosmides, L., & Barrett, H. C. The Second Law of Thermodynamics Is the First Law of Psychology: Evolutionary Developmental Psychology and the Theory Of Tandem, Coordinated Inheritances: Comment on Lickliter and Honeycutt (2003). *Psychological Bulletin*,

129(6), 858-865. https://doi.org/10.1037/0033-2909.129.6.858

Van der Kolk, B. *O corpo guarda as suas marcas. Cérebro, mente e o corpo na cura do trauma.* Rio de Janeiro: Sextante, 2020.

IMPRESSÃO:

PALLOTTI
GRÁFICA

Santa Maria - RS | Fone: (55) 3220.4500
*www.graficapallotti.com.br*